KB117306

통장에 돈이 쌓이는

초저금리
재테크

통장에 돈이 쌓이는
초저금리
재테크

조재영 지음

예 · 적금에 목숨 거는
당신만 몰랐던 최강 투자 전략!

금리 1% 시대, 내 통장을 살찌우는 초간단 돈 관리법 29

중앙books

초저금리 시대,
어떻게 투자해야 할까?

2019년 10월 16일, 대한민국 기준금리가 사상 최저치인 1.25%로 떨어지면서 초저금리 기조가 지속되고 있다. 이주열 한국은행 총재는 이번 금리 인하의 이유로 글로벌 경기 둔화 지속과 반도체 경기 회복 지연을 꼽았다. 이에 미국 등 주요국이 금리 인하 정책을 펴고 있는 세계 경제 상황과 국내 경제 상황을 감안했을 때 당분간 금리 상승을 기대하기 어려운 것은 물론 추가 금리 인하 가능성이라는 조심스러운 관측도 나오고 있는 상황이다.

우리가 그동안 한 번도 가보지 않은 '기준금리 1% 시대'가 눈앞으로 성큼 다가온 것이다.

예·적금 시대의 종말

이러한 분위기 속에서 투자자들은 '어디에 어떻게 투자할 것인가'의 문제에 봉착했다. 20년이 넘는 기간 동안 수많은 고객들을 컨설팅해왔지만, 요즘처럼 개인의 자산관리에 막막함을 느낀 적이 있었나 싶다. 기준 금리가 1%로 떨어지면 예·적금 등의 수신금리도 그 이하로 떨어지게 되고, 그렇게 되면 은행에 돈을 맡겨 얻는 이익이 제로에 가까워지기 때문이다. 물가상승률과 세금을 차감하면 오히려 마이너스가 되는 상황이 발생할 수도 있다. 이미 북유럽의 일부 국가에서는 고객들의 거액 예금 자산에 보관 수수료를 받고 있다.

이제 초저금리는 거스를 수 없는 시대적 현상이 되었고, 투자는 선택이 아닌 필수인 경제 상황이 되었다. 금리가 10%를 훌쩍 넘겨 통장에 돈을 넣어놓기만 해도 앉아서 돈을 벌 수 있었던 고금리 시절은 이제 옛 꿈에 불과하다. 초저금리 시대에 걸맞은 마인드를 장착하고 이제는 좀 더 적합한 새로운 투자법을 찾아야 할 때가 왔다.

조금만 알아보면 예금, 주식, 부동산뿐만 아니라 펀드상품과 대체투자상품, 파생금융상품 등 투자할 곳은 무궁무진하게 다채롭다. 지금까지의 재테크 패턴을 면밀히 재분석해 나만의 투자 포트폴리오를 구성하고 관리하는 노력할 수 있다면 지금보다 더 높은 수익률을 달성할 수 있을 것이다. 초저금리로 향하는 거대 흐름에 저항하지 말고, 그 위에 올라타 더 멀리 더 빠르게 나아가는 것이 현명한 투자자들의 자세다.

초저금리 자산관리의 A to Z

투자를 한다는 것은 큰 모험심과 용기를 필요로 하는 일이다. 요즘 같은 초저금리 시대에는 더욱 막막할 수 있다. 하지만 투자의 큰 줄기를 이해하면 투자가 쉬워진다. 이 책이 어떻게 시작해야 할지 몰라 막막해하는 사람들에게 투자의 큰 줄기와 핵심을 짚어주는 가이드가 되기를 바라며, 최대한 초보자의 눈높이에서 쉽게 설명하고자 했다.

1장에서는 초저금리 시대에 투자를 하기에 앞서 꼭 알아야 할 기초 지식과 자산관리법에 대해 다룬다. 가장 기본이 되는 금리를 이해하고, 나의 투자성향, 금융상품의 리스크 등을 파악한다. 그리고 투자의 기본이 되는 자산배분의 원칙인 분산투자에 대해서도 설명한다.

예금 금리보다 높은 수익률을 거둘 수 있는 펀드와 대안 투자 상품을 다루는 2, 3장에서는 재테크의 핵심적인 다양한 투자 방법들과 일반인들이 가장 접하기 쉽고 활용하기 좋은 상품들을 소개한다. 사실 상당히 매력적인 금융상품들이 존재함에도 불구하고 접할 기회가 부족해서 기회를 놓치고 있는 경우가 많다. 이 장에서는 국내 주식, 해외 주식, 국내 채권, 해외 채권, 원자재, 부동산 등 투자 대상을 폭넓게 다루고 있으며, 투자 시 장점뿐만 아니라 유의할 점들도 자세히 설명했다.

4장에서는 아는 만큼 돈이 되는 유용한 제도를 소개하며 국민연금, 퇴직연금, 연금저축 등을 최대한 효과적으로 활용할 수 있는 방법을 알려준다. 이 장에서 소개하는 제도들은 대부분 장기적인 플랜인데, 작은 차이가 향후 큰 차이를 만들기 때문에 이들을 적극적으로 활용하면 장기적으로 꽤 많은 이득을 얻을 수 있다.

마지막 5장에서는 상속과 증여에 관한 기본 상식과 절세 방안에 대해 다루었다. 부모 혹은 본인이 보유하고 있는 자산의 규모가 클수록 관심이 높은 분야이기도 하다. 어떻게 하면 문제없이 원하는 대로 잘 물려주고, 잘 물려받고, 합법적으로 절세할 수 있는지에 대한 유용한 내용들을 중심으로 소개한다.

초저금리 시대에 살아남는 투자법은 분명 따로 있다. 자금력이 풍부한 자산가들은 이미 전문가들에게서 많은 조언들을 듣고 있고 다양한 금융상품들을 제안받고 있다. 하지만 일반인들에게는 정보가 많지 않을 뿐만 아니라 각 금융기관에서도 적극적이지 않아 그들의 자산은 방치되기 일쑤다. 이 책은 이러한 정보 불균형으로 발생하는 투자자 간의 간극이 해소되길 기대하는 마음으로 쓰였다. 부디 이 책이 독자들의 자산관리에 조금이나마 도움이 되기를 간절히 바란다.

조재영

목차

2장 예금보다 쏠쏠한 펀드

3장 고수익의 매력, 눈여겨볼 추천 투자 상품

4장 아는 만큼 돈이 되는 유용한 제도 BEST 6

5장 젊었을 때 알아야 할 증여, 상속, 세금

1

내 통장을 살찌우는
돈 관리법

하마터면 금리도 모르고 투자할 뻔했다

신문이나 뉴스에서 '美 연준, 또 금리 인하…올 들어 두 번째' '한국은행, 기준금리 동결' 등의 기사 헤드라인을 많이 보았을 것이다. 투자자에게 금리가 왜 중요할까? 자본주의 시장에서 돈을 움직이는 것이 바로 '금리'이기 때문이다. 금리를 알아야 자본이 어디에서 어디로 이동하는지 돈의 흐름을 읽고, 언제 어디에 투자해야 하는지 투자처와 타이밍을 알 수 있다.

금리는 왜 오르고 왜 내리는 것일까? 금리는 돈을 빌리거나 빌려줄 때 책정되는 이자의 비율이다. 돈을 일종의 재화로 보고, 금리는 돈의 수요와 공급에 의해서 결정된다고 생각하면 이해하기 쉬울 것이다. 경기가 좋아져서 돈을 빌려 사업을 시작하거나 확장하고 싶은 사람들이 많아 돈에 대한 수요가 늘어나면, 돈을 보유하고 있는 사람(은행)은 금리를 높일 수 있다. 반대로 경기가 나빠져서 돈을 빌려 사업을 하려는 사람이 줄어들거나 빌린 돈을 갚는 등 자금의 수요가 줄어든다면 금리는 하락할 수밖에 없다. 즉, 금리의 가장 큰 원인은 자금의 수요다.

물론 돈의 공급도 금리에 영향을 끼칠 수 있다. 한국은행 같은 중앙은행에서는 경기 사이클이 과열되어 빠르게 상승하기보다는 꾸준히 천천히 상승해 오랜 기간 동안 경기가 좋아지기를 원할 것이다. 그렇기 때문에 경기가 좋을 때는 기준금리 같은 정책금리를 올려서 너무 쉽게 자금을 빌려가지 않도록 조정한다. 더욱이 금리를 올리면 저축이 늘어나 시장의 자금을 흡수할 수도 있다. 반대로 경기가 하락하면 중앙은행에서는 정책금리를 낮춰서 쉽게 돈을 빌려갈 수 있도록 하여 경기 부양을 위해 노력할 수 있다.

금리가 투자자에게
미치는 영향

금리가 오르면 누구에게 좋을까? 예금을 많이 보유하고 있는 사람은 예금금리가 올라가면 늘어난 이자수익만큼 가만히 앉아서 돈을 버니 좋을 것이다. 반대로 대출을 보유하고 있는 사람은 대출금리가 상승하면 이자부담이 커지고 가처분소득이 줄어들어 불리해질 수밖에 없다. 기업들은 어떨까? 삼성전자처럼 대출이 거의 없고 현금자산을 많이 보유하고 있는 기업은 금리가 올라가면 좋겠지만, 99%의 기업들은 부채를 더 많이 보유하고 있기 때문에, 금리 인상은 일반적으로 기업들에게 좋지 않은 영향을 끼친다. 부채비율이 매우 높은 기업의 경우 금리 인상에 직격탄과 같은 악영향을 받을 수도 있다.

금리가 낮아지면 채권(정부, 기관, 기업 등이 자금을 빌릴 때 발행하는 일종의 차용증서)은 어떤 영향을 받을까? 내가 연 5%의 이자를 10년간 받을 수 있는 채권을 보유하고 있다고 가정해보자. 만약 1년이 지난 후 시중금리가 1%로 하락했다면 내가 보유하고 있는 채권의 인기는 하늘로 치솟을 것이다. 왜냐하면 지금 발행되는 다른 채권에서는 시중금리와 같은 1%의 이자를 10년간 주겠다고 하는데, 내가 보유하고 있는 채권은 앞으로 남은 9년 동안 5%의 이자를 제공하기 때문이다. 그렇게 되면 이 채권의 거래 가격은 당연히 상승할 것이다.

반대로 시중금리가 10%로 상승했다고 하면 내가 보유하고 있는 5%의 채권은 인기가 뚝 떨어질 것이다. 왜냐하면 지금 발행되는 다른 채권을 매입하면 연 10%의 이자를 확보할 수 있는데, 내가 보유하고 있는 채권은 겨우 5%의 이자만 받을 수 있기 때문이다. 정리하면 금리와 채권 가격은 반비례한다. 금리가 상승하면 채권 가격은 하락하고, 금리가 하락하면 채권 가격은 상승한다.

금리가 주식시장에는 어떤 영향을 끼칠까? 우선 금리가 상승하면 기업들이 은행 등에 갚아야 할 이자 상환 부담이 커지기 때문에 기업 실적에는 좋지 않은 영향을 미친다. 또한 기업들이 주주에게 돌려주는 배당금의 매력이 상대적으로 떨어지게 된다. 예를 들면 배당률은 작년이나 올해나 동일하게 4%인데, 시중금리가 2%일 때는 배당수익률이 매력적으로 보여 주식 투자자들이 만족할 수 있겠지만, 시중금리가 6%가 된다면 배당수익률이 전혀 매력적이지 않게 되기 때문이다. 또한 주식시장에 유입되는 자금이 줄어들 수도 있다. 차라리 안정적인 금리를 주는 채권이나 예금 쪽으로 자금흐름이 바뀔 수 있기 때문이다.

반대로 금리가 하락하면 기업들의 이자부담이 줄어들고, 배당수익률이 매력적으로 보이게 되며, 주식시장에 유입되는 자금이 늘어나 유동성이 풍부해지는 긍정적인 효과가 발생할 수 있다. 물론 주식시장은 금리 이외에도 수많은 변수가 작용하기 때문에 금리만 기준으로 유불리를 따지는 것은 현실적으로 거의 불가능하다.

**제로금리
시대가 온다**

2008년 글로벌 금융위기 이후에 나타난 세계경제의 특징들을 '뉴 노멀 (New Normal)'이라고 표현하곤 한다. 가장 대표적인 트렌드로는 고령화,

저성장, 저금리 등이 있다. 그런데 이 3가지 트렌드는 사실 일맥상통하고 있다. 우리나라는 2000년 (65세 이상 인구가 전체 인구의 7%를 넘는) 고령화 사회에 진입한 지 17년 만인 2017년 (65세 이상 인구가 전체 인구의 14%를 넘는) 고령사회로 진입했다. 1971년에 태어난 신생아 숫자는 102만 명이 넘었는데, 2018년에 태어난 신생아 숫자는 겨우 32만 명에 불과하다. 이렇게 사회가 고령화되면 저성장과 저금리가 필연적으로 따라오게된다. 특히 우리나라처럼 고령화와 저출산이 함께 진행되면 경제활동 인구비율이 급격히 하락해 경제성장이 둔화되기 마련이다.

고령층이 보유하고 있는 금융자산의 비중은 아무래도 주식보다는 채권과 같은 안전자산의 비중이 높기 때문에 활발한 투자활동이 지속되지 못할 수도 있다. 일본과 같은 초고령 사회에서도 겪고 있는 현상인데, 고령층의 금융자산은 압도적으로 예금상품에 집중되어 있어 주식시장으로는 좀처럼 이동하지 않는 것이 특징이다. 심지어 북유럽의 일부 국가에서는 이미 고객들의 거액 예금자산에는 이자를 지불하지 않고 보관 수수료를 받고 있다. 이른바 마이너스 금리인 셈이다. 그럼에도 불구하고 안전상의 이유 등으로 대부분의 고객은 은행을 이탈하지 않고 계속 예금에 자금을 예치하고 있다.

또한 막대한 연기금성 자금들이 채권에 흘러들어 금리를 하향시키기도 한다. 그 단적인 예가 국민연금의 포트폴리오다. 우리나라 국민연금기금은 약 700조 원에 달하며 앞으로 20~30년간 지속적으로 규모가 커질 것으로 보인다. 그런데 이 국민연금기금의 45%가량은 국내 채권에 투자된다. 이렇게 매년 채권에 투자되는 자금이 계속 유입되면 수요·공급의 원칙에 의거하여 채권 가격은 상승 압박을 받게 된다. 채권 가격이 오른다는 것은 금리의 하락을 뜻하기 때문에 저금리가 지속될 수밖에 없는 중요한 원인이 된다.

저금리에 빨리 적응하는 사람이
살아남는다

이제 저금리는 거스를 수 없는 시대적 현상이다. 그렇다면 우리는 단순한 예금과 적금 같은 금리형 상품만으로 내 금융자산을 운용하는 것을 빨리 포기해야 한다. 물가상승률과 세금을 차감하면 그야말로 남는 게 없기 때문이다. 이제는 가장 안전한 상품이 내 자산을 갉아먹는, 가장 위험한 상품이 되어버린 것이다.

　예금 등을 피해 다양한 금융상품을 선택할 때에는 두려움이 앞설 수밖에 없다. 왜냐하면 판단하거나 분석하기 힘든 위험과 변동성이라는 지뢰가 걱정되기 때문이다. 이렇게 필연적으로 따라오는 위험과 변동성을 줄이기 위해서는 철저하게 다양한 자산 포트폴리오를 구성할 수 있어야 한다. 예금 이외에는 주식 투자밖에 없다고 생각하는 단순한 이분법적 사고방식에서 벗어나서 다양한 펀드상품들, 부동산 등에 투자하는 대체투자상품들, 위험을 관리할 수 있는 파생금융상품들을 충분히 활용해야 할 것이다. 그래서 이제는 떨어지는 금리를 탓하지만 말고 '아는 것이 힘'이 아닌 '아는 것이 돈'이 되는 초저금리 사회에 적응해야 한다.

적더라도 손해 없이 vs 인생은 한 방, 나의 투자성향은?

다음 2가지 제안 중 하나를 선택해야 한다면 당신은 어떤 제안을 선택할 것인가? A안은 확정적으로 5%의 수익률을 제공한다. B안은 50%의 확률로 0%의 수익을, 또한 50%의 확률로 10%의 수익을 제공한다.

A, B 두 제안의 기대수익률은 5%로 동일하다. 그런데 각자의 성향에 따라 A안을 선호하는 사람도 있고, B안을 선호하는 사람도 있다. 보통 안정적인 투자성향의 투자자는 A안을 선호하고, 적극적인 투자성향의 투자자는 B안을 선호할 것이다.

대체로 나이가 젊은 사람일수록 적극적인 투자성향을 보이는 경우가 많다. 나이가 들면 앞으로 자금을 운용할 시간도 상대적으로 줄어들고,

구분	확률	제공수익률	기대수익률	선호유형
A안	100%	5%	5%	안정적 투자성향
B안	50%	0%	5%	적극적 투자성향
	50%	10%		

수입이 중단될 시점도 가까이 오기 때문이다. 투자경험도 큰 영향을 끼친다. 주식이나 펀드에 투자해본 경험이 전혀 없다면 처음부터 위험등급이 높은 금융상품에 가입하기를 꺼리겠지만, 수차례 투자상품에 가입해보았다면 부담감 없이 투자위험을 받아들일 수 있을 것이다.

또한 금융에 관련된 지식이 많다면 각종 투자위험을 분석하고 판단할 수 있기 때문에 좀 더 적극적인 운용을 하게 되겠지만, 금융에 대한 지식이 부족하다면 투자위험에 대해 두려움이 앞설 수 있다. 원금 손실 정도를 상정해보고 본인이 어느 정도 견딜 수 있을지를 파악해보는 것도 굉장히 중요하다. 투자 기간이 길수록, 보유자산이 많을수록 투자상품의 위험을 감내할 수 있는 정도가 커진다.

**나의 투자성향
파악하기**

이 모든 것을 스스로 판단하기는 어려울 수 있기 때문에 금융회사에서는 '투자성향 진단표'를 활용하여 투자성향을 파악한다. 투자성향 진단표는 투자자의 나이, 투자경험, 금융상품 투자에 대한 지식 수준, 원금 손실 감내 수준, 투자 가능 기간, 투자자금이 전체 금융자산에서 차지하는 비중, 투자자의 수입원 안전성 등으로 투자성향을 판별한다.

자본시장법 제46조에 의해 투자자에 대한 투자성향 조사가 의무화되어 있기 때문에 금융회사는 가입자의 투자성향을 우선 파악한 후 그에 맞는 추천상품을 권유한다. 투자성향은 안정형, 안정추구형, 위험중립형, 적극투자형, 공격투자형 5가지로 나뉜다. 가끔 공격적인 성향으로 기입하여 상품 가입에 대한 제한을 제거하고자 하는 사람들도 있는데, 솔직하고 신중하게 체크하여 나의 투자성향을 진실되게 파악하는 것이 중요하다.

투자성향 진단표   · 출처: 전국투자자교육협의회

1. 고객님의 연령대는 어떻게 되십니까?
① 19세 이하 (12.5점)
② 20~40세 (12.5점)
③ 41~50세 (9.3점)
④ 51~60세 (6.2점)
⑤ 61세 이상 (3.1점)

2. 고객님의 투자경험과 가장 가까운 금융상품은 어느 것입니까?
① 은행 예·적금, 국채, 지방채, 보증채, MMF, CMA 등 (3.1점)
② 금융채, 신용도가 높은 회사채, 채권형 펀드, ELB(원금보장형 ELS) 등 (6.2점)
③ 신용도 중간 등급의 회사채, 원금의 일부만 보장되는 ELS, 혼합형 펀드 등 (9.3점)
④ 신용도가 낮은 회사채, 주식, 원금이 보장되지 않는 ELS, 시장수익률 수준의 수익을 추구하는 주식형 펀드 등 (12.5점)
⑤ ELW, 선물옵션, 시장수익률 이상의 수익을 추구하는 주식형 펀드, 파생상품 펀드, 주식 신용거래 등 (15.6점)

3. 금융상품에 대한 본인의 지식 수준이 어느 정도라고 생각하십니까?

① 투자 의사결정을 스스로 내려본 경험이 없는 정도 (3.1점)

② 주식과 채권의 차이를 구분할 수 있는 정도 (6.2점)

③ 투자할 수 있는 대부분의 금융상품의 차이를 구별할 수 있는 정도 (9.3점)

④ 금융상품을 비롯하여 모든 투자 대상 상품의 차이를 이해할 수 있는 정도 (12.5점)

4. 투자 원금에 손실이 발생할 경우 다음 중 감내할 수 있는 손실 수준은 어느 수준입니까?

① 무슨 일이 있어도 투자 원금은 보전되어야 한다. (-6.2점)

② 투자 원금에서 최소한의 손실만을 감수할 수 있다. (6.2점)

③ 투자 원금 중 일부의 손실을 감수할 수 있다. (12.5점)

④ 기대수익이 높다면 위험이 높아도 상관하지 않겠다. (18.7점)

5. 고객님께서 투자하고자 하는 자금의 투자 가능 기간은 얼마나 됩니까?

① 6개월 미만 (3.1점)

② 6개월 이상~1년 미만 (6.2점)

③ 1년 이상~2년 미만 (9.3점)

④ 2년 이상~3년 미만 (12.5점)

⑤ 3년 이상 (15.6점)

6. 고객님께서 투자하고자 하는 자금은 고객님의 전체 금융자산(부동산 등은 제외) 중 어느 정도의 비중을 차지합니까?

① 10% 이하 (15.6점)

② 10% 초과~20% 이하 (12.5점)

③ 20% 초과~30% 이하 (9.3점)

④ 30% 초과~40% 이하 (6.2점)

⑤ 40% 초과 (3.1점)

7. 다음 중 고객님의 수입원을 가장 잘 나타내는 것은 어느 것입니까?

① 현재 일정한 수입이 있으며, 향후 현재 수준을 유지하거나 증가할 것으로 예상 (9.3점)

② 현재 일정한 수입이 발생하고 있으나, 향후 감소하거나 불안정할 것으로 예상 (6.2점)

③ 현재 일정한 수입이 없으며, 연금이 주수입원임 (3.1점)

투자성향 점수표

1~7번 점수 합계	투자성향
20점 미만	안정형
20.1~40.0점	안정추구형
40.1~60.0점	위험중립형
60.1~80.0점	적극투자형
80.1점 이상	공격투자형

나에게 잘 맞는
투자상품 찾기

안정추구형 고객이 초고위험 상품에 가입하면 투자 기간 내내 마음이 불안하고 신경이 쓰여 심리적으로도 매우 불편함을 느낄 것이다. 반면 공격투자형 고객이 초저위험 상품에만 가입하고 있다면 기회비용을 크게 느끼기 때문에 오래 가지 못하고 가입했던 상품을 중도 해지할 확률이 높다.

투자성향에 따라 투자적합상품 종류의 방향이 결정되기 때문에 금융상품의 성향을 파악하는 것보다 더 중요한 것은 내 투자성향을 정확하게 파악하고 내 투자성향에 맞는 상품을 찾는 것이다.

투자성향에 따른 투자 적합 상품 분류표

구분	초고위험 (1등급)상품	고위험 (2등급)상품	중위험 (3등급)상품	저위험 (4등급)상품	초저위험 (5등급)상품
공격투자형	투자적합상품	투자적합상품	투자적합상품	투자적합상품	투자적합상품
적극투자형		투자적합상품	투자적합상품	투자적합상품	투자적합상품
위험중립형			투자적합상품	투자적합상품	투자적합상품
안정추구형				투자적합상품	투자적합상품
안정형				투자적합상품	투자적합상품

투자성향별 추천상품 예시

구분	추천 금융상품(상위 등급 고객은 하위 등급 추천 펀드 포함)
공격투자형	BB 이하 투기 등급 회사채 해외 주식 투자 레버리지 ETF 선물, 옵션, ELW 1등급(매우 높은 위험) 펀드
적극투자형	주식 직접투자, 주식형 펀드, ETF ELS, DLS 주식형 랩어카운트 2등급(높은 위험) 펀드, 3등급(다소 높은 위험) 펀드, 주식형 펀드, 하이일드 펀드
위험중립형	채권혼합형 펀드, 주식혼합형 펀드, 공모주 펀드 회사채, CP, 전단채, 후순위 채권 4등급(낮은 위험) 펀드
안정추구형	A-등급 이상 금융채 및 회사채 원금보장 ELB, 원금보장 DLB 5등급(낮은 위험) 펀드, 채권형 펀드
안정형	예금, 현금성 자산, RP 국고채, 통안채, 지방채, 특수채, AA등급 이상 회사채 6등급(매우 낮은 위험) 펀드

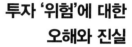

투자 '위험'에 대한
오해와 진실

이 세상에서 가장 바보 같은 짓이 제일 좋은 금융상품을 찾는 일이다. 왜냐하면 우리가 원하는 제일 좋은 금융상품은 수익률은 높으면서 안전한 상품이기 때문이다. 당연히 그런 완벽한 금융상품은 원래 존재하지도 않는다. 흔히들 이야기하는 '고위험, 고수익(High Risk, High Return)'이란 말처럼 기대수익률이 높을수록 리스크도 높은 것이 당연한 원리이기 때문이다.

그렇다면 리스크란 무엇일까? 우리는 보통 리스크(risk)란 용어를 '위험'이라고 해석하지만, 금융에서의 리스크는 위험의 개념보다는 변동성(volatility)의 개념으로 이해하는 것이 더 낫다.

위험이 아닌
변동성

펀드의 수익률이 2%일 때도 있고, 5%일 때도 있고, 10%일 때도 있다. 그렇기 때문에 이를 단순히 위험하다고 해석하는 것보다는 변동성으로 이해하는 것이 합리적이다. 즉, 투자자의 입장에서 투자위험은 수익률이 왔다 갔다 할 수 있는 변동성으로 이해해야 한다는 것이다. 다만 수익률 변화가 크면 이익과 손실을 볼 가능성이 커지므로 그만큼 적극성이 필요한 상품으로 해석할 수 있다.

기대수익률이 높을수록
변동성도 커진다

A씨는 시험을 두 번 봤는데, 중간고사는 100점, 기말고사는 40점을 받아 평균 70점이 되었고, B씨는 중간고사 75점, 기말고사 65점을 받아 평균 70점이 되었다. A씨와 B씨는 모두 평균 70점이라고 평가받을 수 있지만, 그 속 내용은 완전히 다르다.

이런 속 내용까지 파악하기 위해서는 평균과 떨어져 있는 정도, 그 둘 간의 차이를 측정한 표준편차를 계산해야 한다. 그렇다면 A씨는 평균 70점에 표준편차 30점인 성적을 거둔 것이고, B씨는 평균 70점에 표준

구분	중간고사 점수	기말고사 점수	평균 점수	표준편차
A씨	100점	40점	70점	30점
B씨	75점	65점	70점	5점

구분	1년 차 수익률	2년 차 수익률	평균수익률	표준편차
A펀드	1%	9%	5%	4%
B펀드	4%	6%	5%	1%

편차 5점인 성적을 거둔 셈이다.

A씨와 B씨 중 B씨의 점수를 더 바람직하다고 평가할 수 있는 것처럼, 금융투자에서도 마찬가지다. A펀드의 1년 차 수익률이 1%, 2년 차 수익률이 9%여서 단순 평균수익률이 5%이고, B펀드의 1년 차 수익률이 4%, 2년 차 수익률이 6%여서 역시 단순 평균수익률이 5%라고 할 때, 두 펀드 모두 기대수익률(5%)이 동일하더라도 대개의 경우 위험성(표준편차)이 작은 경우(B펀드)를 더 선호한다.

그러나 대부분의 금융투자상품은 기대수익률이 커지면 이에 따라서 표준편차, 즉 변동성도 커지기 마련이다. 따라서 금융상품의 위험이 높다는 것은 무조건 나쁘게만 볼 것이 아니라 기대수익률이 높아지면서 자연스럽게 변동성이 커진 것이라는 개념으로 이해해야 한다.

위험등급의
분류와 기준

금융상품에 대한 규제가 단일화되어 있는 유럽연합(EU)의 경우 펀드의 위험을 7등급으로 구분하여 표시하도록 규정하고 있다. 이를 UCITS(Undertakings for Collective Investments in Transferable Securities, 유럽연합 공모펀드 기준)라고 하며, 이때 펀드의 위험은 지난 5년간의 수익률을 계산한 표준편차를 이용한다.

    우리나라 금융감독원은 최근 3년간 펀드수익률의 변동성을 기준으로 펀드 위험등급을 구분한다. EU의 분류 방식과 거의 비슷하지만, EU의 2등급과 3등급이 우리나라에서는 2등급으로 통합되어서 총 7등급이 아닌 총 6등급으로 분류된다. 또한 EU에서는 5년간 펀드수익률의 표준

EU의 펀드 위험등급 분류 기준표

변동성 구간	위험등급
0 < 표준편차 < 0.5%	1등급
0.5% < 표준편차 < 2.0%	2등급
2.0% < 표준편차 < 5.0%	3등급
5.0% < 표준편차 < 10.0%	4등급
10.0% < 표준편차 < 15.0%	5등급
15.0% < 표준편차 < 25.0%	6등급
25.0% < 표준편차	7등급

우리나라 금융감독원의 펀드 위험등급 분류 기준표

변동성 구간	위험등급
0 < 표준편차 < 0.5%	1등급(매우 높은 위험)
0.5% < 표준편차 < 5.0%	2등급(높은 위험)
5.0% < 표준편차 < 10.0%	3등급(다소 높은 위험)
10.0% < 표준편차 < 15.0%	4등급(보통 위험)
15.0% < 표준편차 < 25.0%	5등급(낮은 위험)
25.0% < 표준편차	6등급(매우 낮은 위험)

편차로 위험등급의 기준이 되는 표준편차를 산출하는 반면 우리나라에서는 3년간 주간수익률의 표준편차를 기준으로 한다는 점이 다른 점이다.

이렇게 산정된 펀드의 위험등급은 각 펀드의 투자설명서 등 서류의 첫 페이지 최상단에 표시하도록 되어 있다. 펀드 자체의 위험등급뿐만 아니라 펀드의 위험등급이 전체 6단계의 위험등급 중 몇 단계에 속하는지를 알리고, 등급 고유 색깔로 정확하게 표현한다. 펀드에 가입하기 전 반드시 이 위험등급 분류에 따른 투자 위험등급을 확인하고 나의 투자성향과 잘 맞는지 검토해야 하며, 변동성 위험이 어떤 자산운용에서 발생하는지까지 확인하는 것이 좋다.

다음은 한 증권회사에서 펀드를 포함한 다양한 투자금융상품을 그 투자위험에 따라 분류한 위험등급 분류표다. 이를 통해 내가 투자하려고 하는 금융상품의 위험도를 파악하고 내가 그 위험을 감수할 만한 준

펀드 투자설명서 첫 페이지 예시

<table>
<tr><td colspan="7">투자위험등급
1등급(매우 높은 위험)</td><td rowspan="2">○○○○ 자산운용㈜는 이 집합투자기구의 투자대상 자산의 종류 및
위험도를 감안하여 <u>1등급</u>으로 분류하였습니다. 펀드의 위험 등급은 운
용실적, 시장 상황 등에 따라 변경될 수 있다는 점을 유의하여 투자판단
을 하시기 바랍니다.</td></tr>
</table>

1	2	3	4	5	6
매우 높은 위험	높은 위험	다소 높은 위험	보통 위험	낮은 위험	매우 낮은 위험

투 자 설 명 서

OO증권사의 위험등급 분류표

구분			초고위험 (1등급)상품	고위험 (2등급)상품	중위험 (3등급)상품	저위험 (4등급)상품	초저위험 (5등급)상품
채권	국내		회사채 (BB 이하)	회사채 (BBB- 이상)	회사채 (BBB~ BBB+)	금융채 회사채 (A- 이상)	국고채 통안채 지방채 특수채
	해외	S&P 피치	B 이하	BB 이상	BBB 이상	A 이상	AA 이상
		무디스	B 이하	Ba 이상	Baa 이상	A 이상	Aa 이상
CP/전자단기사채			B 이하	A3- 이상	A30~A3+	A2- 이상	
ELS DLS			원금 비보장 녹인* 70% 이상 녹인 130% 이하	원금 비보장 녹인 70% 미만 녹인 130% 초과	원금 80% 이상 지급형		
파생결합사채 ELB/DLB						ELB DLB	
ELW/ETN			ELW ETN	손실제한 ETN			
주식			신용거래 관리종목 경고종목 위험종목	주식			
선물 옵션			선물 옵션				
ETF			파생형	주식형 통화형 상품형	혼합형 주식인덱스형	채권형	
펀드			1등급	2등급/3등급	4등급	5등급	6등급
RP							RP

* 녹인 배리어(knock in barrier, 손실 가능 구간)

비가 되어 있는지 검토해볼 수 있다. 이는 매우 중요한 과정으로 투자 전 반드시 확인하길 바란다.

자산배분,
내 돈의 몇 %를 투자해야 할까?

저금리 기조가 고착화되면서 우리는 이제 투자를 하지 않으면 안 되는 상황에 놓여 있다. 처음 투자를 시작하는 사람에게는 '투자'라는 단어가 굉장히 공포스럽고 거리감 있게 느껴질 수도 있다. 그렇기 때문에 가급적이면 '투자를 해야겠다'라는 생각보다는 '자산배분 또는 포트폴리오를 구성한다'는 마음으로 접근하는 것이 바람직하다.

　자산을 어디에 나누어 담느냐의 문제는 모든 투자자들이 고민하고 걱정스러워하는 가장 큰 이슈다. 이에 대한 답을 찾기 위해서는 가장 먼저 내 자신과 내 자산에 대해서 정확히 파악하는 것이 중요하다. 자산배분에 일률적인 정답이 있는 것이 아니기 때문에 각자에게 적합한 자산배분 방식을 맞춰 나가야 하기 때문이다.

가장 보편적인 방식은 '100-나이'의 공식이다. 100세를 기준으로 투자자의 나이가 젊을수록 투자자산의 비중을 높게 가져갈 수 있는데, 예를 들어 내 나이가 30세라면 투자자산의 비중이 100-30=70%만큼이 적절하고 그 나머지 비중, 즉 30%는 채권과 같은 안전형 자산에 가입하는 것이 좋다는 논리다.

대단히 간단하면서도 직관적으로 이해할 수 있는 계산방법이다. 이를 조금 다르게 해석하면, 100세가 되기 전까지는 조금이라도 투자자산의 비중을 유지해야 한다는 뜻이 된다. 보통 은퇴를 하고 나서는 주식과 같은 모든 투자자산을 채권과 같은 안전자산으로 전환하여 100% 안전자산으로 보유하는 경우가 많은데, 이와 같은 투자가 바람직하지 않다는 의미를 내포하고 있다.

1단계:

- - - - -
안전자산 50%+투자자산 50%
- -

대화를 나누다 보면 투자 초보자와 투자 전문가의 차이점을 발견할 수 있다. 자산배분, 즉 포트폴리오의 기본 설정 값을 어떻게 설정하느냐다. 투자 초보자의 경우 기본 설정 값은 예금·채권 등 안전자산 100%, 주식·펀드 등 투자자산 0%에서 시작한다. 투자 경험이 부족하고 정보도

부족하기 때문에 안전자산 100%의 비중에서 어느 정도를 투자자산으로 갈아타야 하느냐를 놓고 고민한다.

반면 투자 전문가는 포트폴리오에 대한 고민의 시작점부터 완전히 다르다. 기본값이 안전자산 50%, 투자자산 50%에서 출발한다. 절반씩 자산을 배분하는 것을 기본으로 생각하고 어느 쪽에 비중을 더 두어야 하느냐를 고민하는 것이다.

이는 위에서 설명한 '100-나이'의 공식과도 일맥상통한다. 일생의 소득 중에서 가장 많은 소득을 벌 수 있고, 가장 많은 자산을 관리하는 나이가 대략 50세 정도라고 본다면, 이때 자산의 구성비는 100-50=50이 된다. 이 시점을 기준으로 나는 지금 어디에 위치해 있는지 살펴보는 것을 자산배분의 시작점으로 삼을 수 있다.

덧붙여 우리나라에서 가장 큰 자금을 운용하고 있는 국민연금기금의 포트폴리오를 참고하는 것은 매우 의미 있는 일이다. 국민연금의 2023년 목표 포트폴리오를 간단히 살펴보면 주식 45%, 채권 40%, 대체투자 15% 정도로 목표하고 있음을 알 수 있다.

국민연금기금 중기 자산배분 계획

자산 구분	주식	채권	대체투자
목표 비중	45% 내외	40% 내외	15% 내외

2단계:

국내 투자+해외 투자

세상이 정말 편리해졌다. 내 집 앞 은행에 맡긴 돈으로 미국 펀드 · 중국 펀드도 살 수 있으며, 심지어는 내 사무실 옆 증권회사에 맡긴 돈으로 애플 주식도 살 수 있으며, 심지어는 브라질 채권도 살 수 있다.

자산배분의 2단계는 재테크를 위해서 내 돈을 다국적군으로 만드는 것이다. 왜냐하면 이미 우리의 생활이 글로벌화되었기 때문이다. 아침에 스타벅스 커피를 마시고, 아이폰으로 통화를 하며, 맥도날드에서 점심을 먹고, 구글로 검색을 하고, 넷플릭스를 통해 영화를 감상하는 것이 더 이상 어색한 일이 아닌 일상이 되었다. 그런데 왜 투자는 꼭 한국 주식으로만 국한하려고 하는가? 경제, 금융에서 국경과 국적의 구분은 이미 사라진 지 오래되었다. 게다가 해외 투자를 위한 추가비용이 거의 없어졌기 때문에 얼마든지 내 자산을 글로벌화시킬 수 있다. 너무나 다양한 해외 펀드들에 가입할 수 있고 언제든지 해외 주식과 해외 채권에 투자할 수 있다.

나의 자산을 주식과 채권으로 반반 나누었다면 다음 단계는 바로 해외 투자로의 확대다. 특히 투자자산인 주식의 경우 해외 분산투자를 통해서 변동성을 크게 낮출 수 있기 때문에 우선적으로 해외 분산투자를 시도할 필요가 있다. 역시 국민연금기금 포트폴리오를 예로 들면 국내

2019년 국민연금기금 운용 계획

국내투자	63.3%	국내주식	18.0%
		국내채권	45.3%
해외투자	36.7%	해외주식	20.0%
		해외채권	4.0%
		해외대체투자	12.7%

투자 비중이 2/3, 해외 투자 비중이 1/3임을 확인할 수 있다. 그런데 전체 자산의 1/3에 해당하는 해외 투자에서는 해외 주식이 압도적으로 높은 20%를 차지하고, 해외 채권은 4%에 그치고 있다.

3단계:
주식·채권＋대체투자

포트폴리오의 기본은 주식과 채권이다. 그런데 여기에 α를 더하면 금상첨화다. 대표적인 예는 부동산, 원자재 등이다. 우리는 주식시장과 채권시장의 변화에 울고 웃을 수밖에 없지만, 이 α가 더해진다면 좀 더 안정적인 수익률을 확보할 수 있다. 이를 보통 '대체투자'라고 표현한다.

부동산 펀드, 인프라 펀드, 금 펀드 등의 상품들이 자금을 급속도로 끌어모으고 있다는 뉴스가 지속적으로 나오고 있다. 물론 이 분야는 더 전문적인 분야이기 때문에 1단계와 2단계를 모두 완성한 뒤에 신경 써

단계별 자산배분 예시

1단계		2단계		3단계	
자산구분	비중	자산구분	비중	자산구분	비중
국내주식	50%	국내주식	25%	국내주식	20%
국내채권	50%	해외주식	25%	해외주식	25%
		국내채권	35%	국내채권	30%
		해외채권	15%	해외채권	15%
				대체투자	10%

도 무방하다. 하지만 점점 경제·금융시장이 복잡해지고, 이에 따라 수익률이 등락을 거듭하게 되면 이런 보완장치를 갖추는 것이 훨씬 더 유리하다.

자산배분은 투자자 각자의 투자성향, 자금의 규모와 성격, 투자 가능 기간, 투자 경험 등에 따라서 달라져야 하기 때문에 단순히 나이에 따라서 하는 등 일괄적인 지표는 있을 수 없다. 하지만 앞서 설명한 자산배분 단계를 기준으로 어떻게 나누어야 할지 나의 투자 마인드에 따라 가감해 세팅해 놓으면, 나는 지금 어느 단계이며 어떤 방향으로 자산관리를 해야 하는지에 대한 방향은 충분히 설정할 수 있다.

분산투자,
경제 위기에도 안전하게 자산을 지키는 방법

투자에 관심이 있는 사람이라면 분산투자의 중요성을 뜻하는 '계란을 한 바구니에 담지 마라'는 말을 수도 없이 들었을 것이다. 분산투자를 해야 한다는 것은 알겠는데, 그렇다면 어떻게 나눠 담아야 할까? 분산투자의 원칙은 무엇일까?

L씨는 분산투자를 하기 위해 5군데로 나누어 분산투자를 했다. 그런데 알고 보니 A은행에 차이나 펀드, B은행에 차이나 펀드, C은행에 차이나 펀드, D증권사에 차이나 펀드, E증권사에 차이나 펀드를 가입한 것이었다. L씨는 펀드 가입하는 곳을 기준으로 분산투자를 했지만, 누가 봐도 이런 분산투자는 바람직하지 않은 나누어 담기다. 펀드 가입처를 기

준으로 분산투자하는 것은 거의 무의미하다.

P씨는 인터넷으로 검색해 수익률 상위 펀드 5개에 자금을 나누어 담았다. 그런데 이 5개의 펀드가 모두 비슷한 유형의 펀드였다. 수익률을 조회하는 시점이 중소형주의 수익률이 높아진 시점이라면 수익률 상위 펀드들은 모두 중소형주 펀드일 가능성이 높기 때문이다. 이 역시 바람직하지 못한 분산투자의 한 예다. 그럼 성공적인 분산투자의 원칙은 무엇일까?

원칙 1:
투자 대상을 분산하라

분산투자에서 중요한 지표는 바로 '상관계수'라는 것이다. 두 자산이 얼마나 비슷하게 움직이느냐의 정도를 나타내는 '상관관계' 또는 '상관계수'는 분산투자의 가장 중요한 기준이 된다. 즉, 상관관계가 낮은 자산끼리 분산투자를 해야 위험이 줄어드는 효과가 생긴다. 한 자산의 수익률이 좋지 않을 때 다른 한 자산의 수익률이 좋아져야 가장 바람직한 포트폴리오가 된다는 것이다. 상관계수는 +1의 값부터 -1의 값의 범위를 갖는다. 만약 두 자산의 상관계수가 +1이라면 두 자산은 완전히 똑같이 움직이는 자산이라는 뜻이다. 반대로 상관계수 값이 -1이라면 완전히 보완적인 자산 포트폴리오가 되어 위험을 완전히 제거해줄 수 있다. 하지만 이런 두 자산을 찾기는 쉽지 않다. 그래서 상대적으로 낮은 상관계수를 갖는 두 자산을 꼽아야 하는데, 가장 대표적인 두 자산이 바로 '주식'과 '채권'이다. 그러므로 주식에 주로 투자하는 자산(예: 주식형 펀드)과 채권에 주로 투자하는 자산(예: 채권형 펀드)으로 나누어 투자하는 것이 가장 현실적이고 바람직한 포트폴리오가 된다. 우리가 익히 잘 알고 있는 주식 자산과 채권 자산 이외에 원자재(commodity), 부동산 자산, 환율 등의 자산군도 존재한다. 이렇게 다양한 자산군에 분산투자하면 변동성이 줄어들어 꾸준하게 장기수익률을 높일 수 있다.

원칙 2:
투자 지역을 분산하라

한국의 주식시장은 아직까지 신흥시장에 포함되는, 쉽게 말해 메이저 시장이 아니라 마이너 시장이기 때문에 국내뿐 아니라 해외에도 투자하는 것이 바람직한 분산투자 방법이다.

우리나라에서 해외 투자 펀드의 가장 많은 자금이 중국 펀드에 투자되고 있다. 하지만 분산투자의 차원에서 본다면 이 역시 바람직하지 않다. 투자 지역을 분산할 때에도 위에서 설명한 상관계수가 중요하다. 한국 주식시장과 상관계수가 높은 주식시장과의 분산투자는 바람직하지 않으며 가급적이면 상관계수가 낮은 지역에 분산투자하는 것이 바람직하다는 뜻이다. 중국 주식시장과 한국 주식시장은 엄청나게 높은 상관계수를 보이고 있다. 한국의 수출물량의 1/3 이상이 중국시장에 의존하고 있기 때문에 중국의 경기 등락이 한국경제에 직접적인 영향을 끼치고 있기 때문이다.

가급적이면 중국 펀드, 베트남 펀드처럼 한 국가의 주식시장에 투자하는 해외 투자 방식보다는 전 세계의 주식시장에 골고루 투자하는 글로벌 투자 펀드 등을 추천한다. 주식 투자 이외에 채권 투자, 부동산 투자 등에도 같은 원리가 적용된다. 주식 자산이든 채권 자산이든 부동산 자산이든, 글로벌한 투자를 통해 선진국, 신흥국 등 다양한 지역으로 투자의 범위를 넓히면 투자위험을 현격히 낮출 수 있다. 글로벌 주식투자 펀드, 글로벌 채권형 펀드, 글로벌 부동산 펀드들이 인기를 끌고 있는 이유다.

원칙 3:

투자 시점을 분산하라
- - - - - - - - - - - - - - - - - -

투자 대상과 투자 지역을 충분히 분산했다면 남은 문제는 '언제' 투자하느냐다. 당연히 쌀 때 사고 비쌀 때 팔면 수익을 낼 수 있겠지만, 문제는 현재의 가격이 싼지 비싼지를 판단하기 어렵다는 것이다. 결국 방법은 투자 시점을 분산하는 것이다. 투자하고 있는 자산 가격의 등락과 관계없이 매월 일정한 금액을 지속적으로 투자하는 것을 정액적립식 투자라고 부르는데, 지속적으로 정액적립식 투자를 실행하면 자연스럽게 가격이 비쌀 때에는 조금만 매입하게 되고 가격이 쌀 때에는 저렴하게 매입할 수 있게 된다. 예를 들어 매월 100만 원씩 투자를 하는데 주가가 10만 원이라면 10주를 사게 될 것이고, 주가가 20만 원일 때에는 5주, 5만 원일 때에는 20주를 매입하게 된다. 이처럼 적립식 투자를 통해 평균 매입단가를 낮출 수 있게 되는데, 이와 같은 투자 방법을 '코스트 애버리지(Cost Average)'라고 한다.

특히 장기적으로 투자할 수 있는 연금 펀드, IRP(개인퇴직계좌), 변액연금 등의 장기 금융상품에서는 자연스럽게 투자 시점의 분산효과를 누릴 수 있게 된다. 물론 이러한 적립식 투자를 통한 시간 분산투자의 효과를 유지하기 위해서는 일정 기간마다 주기적으로 투자 포트폴리오를 다시 조정해주는 리밸런싱을 하는 것이 바람직하다. 리밸런싱은 투자 자산 비율을 재조정한다는 뜻으로, 최초에 설정했던 투자비중대로 돌아가는 작업이라고 보면 된다.

분산투자의 3원칙

▶ 상관계수가 낮은 자산으로 투자 대상을 분산하라. (예: 주식형 펀드&채권형 펀드)
▶ 한두 국가에 투자하기보다는 전 세계로 투자 지역을 분산하라. (예: 글로벌 투자 펀드)
▶ 한 시점에 모두 투자하지 말고, 매월 나누어 투자 시점을 분산하라. (예: 적립식 펀드)

간접투자,
왜 맡기는 게 더 나을까?

개인투자자들은 실패에도 불구하고 왜 계속 용감하게 투자를 감행할까? 나만큼은 실패하지 않고 성공 투자를 할 수 있을 것이라는 막연한 기대감 때문일 것이다. 하지만 역시나 개인투자자들의 직접투자는 매년 좋지 못한 성과로 막을 내리곤 한다.

전문가에게 맡기는
간접투자

간접투자의 대표적인 상품은 펀드다. 펀드의 가장 큰 장점은 '정보력'이다. 펀드의 자금을 운용하는 펀드매니저는 투자자산운용사 등의 전문적인 자격을 보유했을 뿐만 아니라 365일 24시간 자신이 운용하고 있는 펀드만 생각하는 프로다. 펀드매니저들은 시스템이나 인력들의 지원을 받고 있기 때문에 다양한 정보를 빠르게 얻을 수 있다. 전 세계의 경제·금융 관련 정보를 가장 빠르고 정확하게 확인할 수 있는 방법은 블룸버그 터미널(Bloomberg Terminal, 블룸버그가 만든 온라인 증권 거래 소프트웨어)을 설치하는 것인데, 이 비용이 한 달에 수백만 원에 이르기 때문에 개인투자자 입장에서 이를 따라가기는 거의 불가능하다고 볼 수 있다.

또한 자산운용사의 펀드매니저들을 위해 각 증권회사에서는 수많은 애널리스트가 자신이 담당하고 있는 특정 업종에 대해 조사·분석한 리포트들을 경쟁적으로 제공하기 때문에 시시각각으로 업데이트된 정보들을 빠르게 접할 수 있다. 반면 개인투자자들은 대개의 경우 '~카더라' 또는 '묻지 마' 등 주먹구구식의 투자 방식으로 투자했다가 실패하는 경우가 많은 것이 현실이다.

펀드 투자의 또 다른 장점은 바로 '분산투자'다. 가령, 한국 화장품 산업의 미래를 밝게 보고 투자를 하려고 한다 치자. 대표적인 화장품 회사인 LG생활건강의 1주당 주가는 100만 원이 넘는다. 화장품 산업에 상당히 많은 회사의 주식이 존재함에도 불구하고 몇 개의 주식을 사다 보면 자금이 부족해진다. 그러다 보니 개인투자자들은 한곳에 올인하는

'몰빵 투자'로 몰릴 수밖에 없는 현실이 되곤 한다. 2019년 11월 기준으로 코스피시장에는 794개의 회사들이, 코스닥(KOSDAQ) 시장에는 무려 1,377개의 회사들이 상장되어 있다. 이 회사들의 주식을 딱 1주씩만 투자하고 싶어도 개인투자자의 자금력으로는 거의 불가능하다. 하지만 펀드로 투자를 한다면 단돈 1만 원으로도 2,000개가 넘는 회사들에 골고루 투자하는 효과를 볼 수 있다. 또한 펀드가 운용하는 자금은 수천억 원이 넘는 경우도 있는데, 펀드가 매입하는 주식의 주가에는 사자 주문이 몰리기 때문에 주가에 긍정적인 영향을 끼치기도 한다.

개인투자자가 투자에 실패하는 더 큰 이유는 바로 '감정'이다. 대부분의 개인투자자들은 3,000원짜리 주식이 4,000원 되는 것은 쉬울 것 같다고 예상하면서 30만 원짜리 주식이 40만 원 되는 것은 힘들 것이라고 판단한다. 또는 30% 상승한 주식은 다시 하락할 것이라고 예상하고, 30% 하락한 주식은 틀림없이 다시 상승할 것이라고 막연한 기대를 하며 매매한다. 이는 잘못된 생각이다. 개인이 투자할 때에는 이와 같이 심리적인 오류에 빠져 비이성적인 판단을 하기가 쉽다. 하지만 펀드에서는 냉철한 분석으로 이성적인 판단을 할 확률이 훨씬 더 높다. 특히 펀드매니저 1인이 운용하지 않고 팀 운용으로 자금을 굴리는 펀드는 개인적인 판단 오류를 방지할 수 있는 확률이 더욱 높다.

좋은 펀드를
선택하는 방법

포털사이트 네이버에서 펀드 종류를 검색해보면 7,000개가 넘는 펀드가 조회된다. 이 중에서 좋은 펀드를 고르는 것은 굉장히 어려운 일이면서 중요한 일이다. 좋은 펀드를 찾는 방법은 무엇일까?

첫째, 자산운용사와 펀드매니저를 검토하라. 펀드에 가입한 증권회사나 은행과 같은 금융회사는 펀드를 직접 운용하는 회사가 아니고 단순히 펀드를 판매하는 역할을 담당하는 펀드 판매 회사일 뿐이다. 가장 중요한 펀드의 운용은 자산운용사가 맡고 있기 때문에, 자금을 직접 운용하는 자산운용사를 반드시 검토해야 한다. 금융투자협회 홈페이지에서 각 자산운용사들의 현황을 비교해볼 수 있고, 또 자산운용사 홈페이지에는 해당 펀드를 운용하는 펀드매니저의 경력도 전부 공시되어 있다. 펀드매니저들의 평균 근속연수도 살펴보는 것이 좋은데 근속연수가 너무 짧은 자산운용사의 펀드는 그리 바람직하지 않다.

둘째, 펀드의 벤치마크(투자의 성과를 평가할 때 기준이 되는 지표)를 꼭 확인하라. 누구나 안전하면서 수익률 높은 펀드를 원하겠지만 그런 펀드는 지구상에 존재하지 않는다. 주식시장의 주가지수를 따라가도록 설계된 펀드인지, 채권에 투자하여 시장금리를 추종하는 펀드인지, 금 가격과 같은 원자재 가격을 따라 움직이는 펀드인지를 정확히 파악해야 한다. 그리고 그 벤치마크를 실제로 잘 따라가고 있는지 괴리율도 살펴보는 것이 좋다. 다시 말해 내가 원하는 투자 대상과 일치하는지를 검토해 봐야 한다는 뜻이다.

셋째, 펀드에 가입해 자금을 운용할 때 비용이 적게 들어가는 펀드를 골라라. 동일한 펀드라도 판매수수료, 판매보수, 운용보수 등에 따라 운용 자산에서 차감하는 비용이 천차만별이다. 일반적으로 낮은 비용으로 펀드에 가입하고 운용할 수 있는 종류가 있는데, 인터넷 판매 전용펀드인 e클래스펀드, 펀드슈퍼마켓 판매 전용펀드인 s클래스펀드 등이 그것이다.

최근에는 공모 펀드에도 성과보수를 적용하는 펀드가 출시되고 있다. 즉, 펀드수익률에 연동하여 운용보수를 산정하기 때문에 고객과 자산운용사가 같은 배를 타고 있다는 책임감을 강조한 것이다.

넷째, 펀드 평가회사의 등급을 참고하라. 앞서 소개한 펀드 비교·분석이 힘들다면 펀드 평가회사의 등급만이라도 확인하는 것이 좋다. 펀드 평가회사에서는 평균수익률, 표준편차, 베타, 결정계수, 트래킹 에러, 샤프지수, 트레이너지수, 젠센의 알파, 정보비율 등의 펀드 분석기법을 활용해 각 펀드들을 평가하여 등급을 부여한다. 보통 다섯 등급으로 평가하는데, 이 중 최고 등급을 받은 펀드들은 리스크를 감안한 수익률이 상당히 뛰어난 것으로 검증되었다고 보면 될 것이다. 내가 원하는 투자 대상에 맞는 펀드들 중에서 펀드 평가의 등급이 우수한 펀드를 선택하면 효율적인 선택을 할 수 있다.

좋은 펀드 선택법

▸ 펀드 판매회사가 아닌 자산운용회사 및 펀드매니저를 검토한다.

▸ 펀드의 벤치마크를 반드시 확인하고 벤치마크를 잘 따라가는 펀드를 선택한다.

▸ 판매수수료, 판매보수, 운용보수 등 펀드 비용이 저렴한 클래스의 펀드를 선택한다.

▸ 펀드 평가회사의 펀드 평가등급이 좋은 펀드를 선택한다.

간접투자인 펀드 운용의 장점

▸ 빠르고 정확한 정보력과 다양한 지원 시스템

▸ 펀드에 모인 자금으로 다양한 분산투자가 가능

▸ 개인투자자의 감정이나 잘못된 선입견 등 심리적인 면 극복 가능

세금,
아는 만큼 적게 낼 수 있다

미국의 사상가이자 정치인인 벤저민 프랭클린은 "세상에서 피할 수 없는 두 가지는 죽음과 세금뿐이다"라고 말했다. 이처럼 모든 소득에는 세금이 따라오기 마련인데, 가급적 이 세금을 줄일 수 있는 투자 방법을 선택한다면 투자효과를 극대화시킬 수 있다.

금융소득
종합과세란?

금융소득은 예금, 적금, 채권 등에서 발생하는 이자소득과 주식, 펀드 등에서 나오는 배당소득을 합한 소득 금액을 말한다. 연간 금융소득이 세전 2,000만 원을 초과하는 금액을 다른 종합소득(근로소득, 사업소득, 연금소득, 기타 소득)과 합쳐서 세금을 내야 하는 제도가 '금융소득 종합과세제도'다. 2,000만 원에 미달하는 금융소득은 15.4%의 원천징수세율로 과세의무가 끝나는 반면, 종합소득세율은 최고 46.2%까지 올라갈 수 있기 때문에 소득이 높을수록 과세 부담은 큰 고민거리가 된다.

물론 단순히 은행 예금 이자율로만 계산한다면 약 10억 원 이상의 원금은 보유해야 연간 이율 2.0% 정도인 예금이자를 받아 금융소득 종합과세 대상자가 될 수 있다고 생각할 수 있지만, 큰 인기를 끌고 있는 ELS 같은 상품은 만기 시점에 한꺼번에 수익이 발생하기 때문에 1억~2억 원 정도의 원금으로도 금융소득 종합과세 대상자가 될 수 있다.

K씨는 한국, 홍콩, 미국의 주가지수에 연동되는 연 7.0% 3년 만기

2019년 종합소득세율

과세표준	세율(지방소득세 별도)	누진공제액
~1,200만 원	6%	–
1,200만~4,600만 원	15%	108만 원
4,600만~8,800만 원	24%	522만 원
8,800만~1억 5,000만 원	35%	1,490만 원
1억 5,000만~3억 원	38%	1,940만 원
3억~5억 원	40%	2,540만 원
5억 원~	42%	3,540만 원

ELS에 1억 원을 가입했는데, 홍콩 주가지수의 하락으로 6개월마다 돌아오는 조기 상환에 계속 실패하고 결국 3년 만에 만기 상환을 받게 되었다. 이 경우 2,100만 원(원금 1억 원×연 7.0%×3년)의 배당소득이 한꺼번에 발생하여 금융소득 종합과세 대상자에 해당된다.

그동안 비과세나 분리과세 등으로 절세할 수 있었던 금융상품들이 대폭 축소되면서 비과세 상품 찾기에 투자자들의 관심이 급증하고 있지만, 안타깝게도 해외투자 전용펀드 비과세, 골드뱅킹 비과세, 10년 이상 장기채권이자소득 분리과세, 분리과세 하이일드 채권형 펀드 등 절세 금융상품, 절세제도들이 사라지고 있는 추세다.

수익률을 높이는
절세 전략

그렇다면 이번에는 금융소득 절세 전략들에 대해 살펴보자.

첫째, 개인이 직접 거래하는 경우 채권 매매차익은 비과세다. 채권에 투자하여 거둘 수 있는 수익엔 크게 2가지가 있다. 주기적으로 지급되는 채권 이자에 대한 이자소득과 매입 가격보다 비싸게 매각하여 거둘 수 있는 채권 매매차익이다. 펀드 내에서 채권 매매차익을 거둘 경우 배당소득세 과세 대상이지만, 개인이 직접 채권을 매매하여 발생한 채권 매매차익에 대해서는 과세하지 않는다. 우리나라에는 주식양도소득세와 부동산양도소득세만 존재하지 채권양도소득세라는 세금 자체가 존재하지 않기 때문이다. 그래서 채권에만 투자하는 채권형 펀드에서 발생하는 수익에 대해서는 과세를 하지만 채권을 개인이 직접 거래하면 매매차익에 대한 수익을 고스란히 세금을 내지 않고 가져갈 수 있다. 물론 개인이 채권에 직접 투자하더라도 채권에서 나오는 이자에 대해서는 이자소득세가 과세된다.

둘째, 브라질 채권에 투자하면 매매차익뿐만 아니라 이자소득세도 과세하지 않는다. 앞에서 설명한 바와 같이 개인이 직접 채권 투자를 하는 경우 채권 매매차익에 과세하지 않는다는 원칙은 국내 채권이든 해외 채권이든 마찬가지다. 즉, 해외 채권에 투자해 발생하는 매매차익은 비과세이고, 해외 채권에서 발생한 이자소득에 대해서는 과세한다는 점은 국내 채권과 마찬가지다. 그런데 유독 브라질 채권은 이자소득에 대해서도 비과세를 적용 받을 수 있다.

이는 우리나라와 브라질 정부가 맺은 국제조세협약 때문인데, 이 협약으로 인해 우리나라 투자자가 브라질 채권에 투자하면 여기에서 발생하는 이자소득에 대해선 과세하지 않기 때문에 매매차익과 이자소득 어디에서도 세금을 낼 일이 없다. 브라질 중앙정부가 발행한 브라질국채의 경우 연 10.0%의 표면이율을 제공하고 있기 때문에 상당한 경쟁력이 있는 투자방안이다. 다만 브라질 헤알화의 변동성이 크다는 점은 유의해야 한다.

셋째, KRX금시장에서 금 거래를 통한 매매차익에는 과세하지 않는다. 안전자산의 대표주자인 금은 최근 국제경제의 변동성 확대로 인해 안전자산을 찾는 수요가 늘어나면서 투자수익률이 상당히 좋아지고 있다. 그런데 금 투자에 따른 수익에 대해 과세를 한다는 점이 투자자 입장에서는 큰 걸림돌이 되곤 한다. 은행의 골드뱅킹이 대표적인 금 투자 방법인데, 2017년에는 비과세를 적용받았으나, 2018년 세법 개정 이후 골드뱅킹을 통한 수익에 대해서는 다시 배당소득세를 과세한다. 금 선물이나 금광기업 주식에 투자하는 금 펀드 역시 배당소득세를 과세하며, 주식시장에 상장되어 있는 금ETF 역시 배당소득세 과세 대상이다. 미국 등 해외에 상장되어 있는 해외 금ETF에 투자하여 거둔 수익은 주식양도소득세 과세 대상으로 22.0%(지방소득세 포함)의 양도소득세를 과세한다.

다만 금시장의 양성화를 위해 만들어진 한국거래소(KRX)의 금시장에 투자하여 거둔 수익은 배당소득세를 과세하지 않고 있기 때문에 금 투자 방법 중 가장 효율적인 투자 수단이 되고 있다. 이 KRX금시장에서 거래되는 금에 대해서는 관세(3.0%)마저 면제받고 있어 일석이조의 효과를 거둘 수 있다.

넷째, 비과세 저축성 보험은 비과세다. 납입한 보험료보다 수령하는 보험금이 많은 보험을 저축성 보험이라고 하는데, 일반적으로 연금보험 상품에 가입하는 경우가 많다. 2017년 4월 1일 이후 가입한 저축성 보험은 월 납입상품의 경우 월 150만 원까지, 일시납 상품의 경우 1억 원까지 비과세 혜택을 누릴 수 있다. 하지만 이 금액을 초과하여 가입한다고 하더라도 실제로 이자소득세를 과세할 수 있는 시점은 원금을 초과하여 보험금을 수령하는 시점이기 때문에 대개의 경우 수십 년 후에나 이자소득세 과세를 하게 된다. 즉, 상당한 기간 동안 세금 납부를 미룰 수 있는 과세 이연 효과가 발생한다는 뜻이다. 물론 보험사고 등으로 인해 보험 수익자가 받는 보험금에 대해서는 한도 없이 비과세 혜택을 받을 수 있다.

비과세 전략으로
국민건강보험료 인상 억제

최근 이러한 금융소득 비과세 전략에 대한 관심이 급증하고 있는 또 다른 이유는 바로 국민건강보험료와 노인장기요양보험료 때문이다. 2018년 국민건강보험공단의 재정은 적자로 전환되었기 때문에 매년 직장 가입자의 국민건강보험료율 인상이 예상된다. 지역 가입자의 국민건강보험료는 부동산, 자동차, 소득을 바탕으로 산출되는데, 비과세 금융상품에 가입할 경우 과세 대상 금융소득이 증가하는 것을 억제할 수 있어 국민건강보험료와 이에 연동해 부과되는 노인장기요양보험료가 증가하는 것을 억제하는 효과도 있기 때문이다.

2

예금보다
쏠쏠한 펀드

복잡한 펀드 이름,
펀드 이름에 숨겨진 비밀

시중에 판매되는 펀드의 이름을 보면 보통 길고 어렵다. 하지만 펀드 작명법에 숨겨진 원칙만 알면 이 펀드가 어떤 펀드인지 이름만 보고 한 번에 알아볼 수 있어, 나에게 맞는 펀드를 선택하는 데 큰 도움이 된다. 지금부터 펀드 이름은 어떻게 지어지는지 살펴보도록 하겠다.

펀드 작명법의
원칙

펀드는 총 7개의 조합으로 지어진다. 예를 들어 '한국투자중소밸류증권

자투자신탁주식(C)'라는 펀드의 이름이 있다고 해보자.

한국투자 중소밸류 증권 자 투자신탁 주식 (C)
[1]　　　　[2]　　　[3] [4]　　[5]　　[6] [7]

첫 번째 자리에는 자산운용사의 명칭이 들어간다. 즉, 은행이나 증권 회사 등 판매회사의 이름이 아니라 펀드를 직접 운용하는 자산운용사 의 이름이 들어간다. 예를 들어 투자자가 펀드를 가입하는 곳이 삼성증 권이라고 하더라도 가입하는 펀드가 '한국투자'로 시작한다면 투자자 의 자금은 한국투자신탁운용사에서 운용한다는 뜻이다.

두 번째 자리는 펀드의 투자 대상의 특성이나 운용의 대표적인 성격 을 나타낸다. '중소밸류'는 중소형 가치주에 투자한다는 뜻이며, 이외에 도 배당주·성장주·삼성그룹주 등이 있다.

세 번째 자리는 자본시장법상 펀드의 분류를 뜻한다. 자본시장법에 서는 투자 대상에 따라 집합투자기구(펀드)를 증권·부동산·특별자산· 혼합자산·단기금융 등 5가지로 나누고 있으며, 해당 펀드가 어느 종류 에 속하는지를 반드시 표현해주어야 한다.

네 번째 자리는 모자(母子)형 펀드 중 자(子)펀드라는 사실을 알려준 다. 자산운용회사는 수많은 펀드를 따로따로 운용하기보다는 커다란 몇 개의 펀드에 통합 운용하여 규모의 경제를 추구한다. 예를 들어 자산 운용회사에서는 주식형 모펀드와 채권형 모펀드, 두 개의 모펀드만 운

자본시장법상 집합투자기구(펀드)의 분류

구분	증권	파생상품	부동산	특별자산	비고
증권 집합투자기구	○	○	○	○	50%를 초과하여 증권에 투자하는 집합투자기구
부동산 집합투자기구	○	○	○	○	50%를 초과하여 부동산 또는 부동산에서 파생된 자산에 투자
특별자산 집합투자기구	○	○	○	○	50%를 초과하여 증권 및 부동산을 제외한 투자대상 자산인 특별자산에 투자
혼합자산 집합투자기구	○	○	○	○	증권·부동산·특별자산 집합투자기구 관련 규정의 제한을 받지 않는 집합투자기구
단기금융 집합투자기구	○	×	×	×	재산의 전부를 지정된 단기금융상품에 그 정하는 바에 따라 투자

용하고 이의 혼합비율을 달리해 자펀드1(주식형 모펀드 0%+채권형 모펀드 100%), 자펀드2(주식형 모펀드 10%+채권형 모펀드 90%)… 자펀드10(주식형 모펀드 90%+채권형 모펀드 10%), 자펀드11(주식형 모펀드 100%+채권형 모펀드 0%) 등 모펀드의 편입비율이 다른 11개의 자펀드들을 만들 수 있다. 이때 투자자들이 가입하는 펀드는 모펀드가 아닌 자펀드이며, 펀드가 모펀드들로

구성된 자펀드라는 것을 펀드 이름에 표현하는 것이다.

다섯 번째 자리는 펀드의 법적 성격을 나타낸다. 투자신탁과 투자조합, 투자회사가 있으며, 현재 대부분의 펀드는 투자조합이나 투자회사 형태보다는 투자신탁의 형태로 설정되고 있다. 만약 투자회사 형태의 펀드라면 '투자회사'라고 반드시 명기해야 한다.

여섯 번째 자리는 증권집합투자기구의 세부 분류를 의미한다. 주식형, 주식혼합형, 채권혼합형, 채권형, 재간접형 5가지 분류 중에서 해당되는 분류를 표시하는 것이다.

마지막으로 일곱 번째 자리는 펀드의 수수료 및 보수의 부과방식에 따른 분류를 나타내며, 이를 '펀드의 클래스'라고 한다. 투자자에게는 가

증권집합투자기구 세부 분류

분류	특징
주식형	자산 총액의 60% 이상을 주식 및 주식 관련 파생상품에 투자
주식혼합형	주식형과 채권형에 속하지 않고, 자산 총액 중 주식 및 주식 관련 파생상품의 편입한도가 50% 이상
채권혼합형	주식형과 채권형에 속하지 않고, 자산 총액 중 주식 및 주식 관련 파생상품의 편입한도가 50% 미만
채권형	자산 총액의 60% 이상을 채권 및 채권 관련 파생상품에 투자 (단, 주식의 편입비율은 0%)
재간접형	자산 총액 중 40% 이상을 다른 집합투자기구(펀드)에 투자

장 중요한 정보일 수도 있는데, 이를 정확히 파악하기 위해서는 우선 펀드의 수수료와 보수에 대해 알아야 한다.

펀드수수료와
펀드보수

펀드 가입자는 펀드 판매회사인 증권회사·은행·보험회사를 통해서 펀드에 가입하게 된다. 즉, 판매수수료는 펀드자금을 운용하는 자산운용사와 관계없이 펀드 판매회사에서 유통수수료의 개념으로 차감하는 비용이다. 이 펀드수수료는 선취판매수수료, 후취판매수수료, 환매수수료로 나뉜다.

① 선취판매수수료: 최초 가입 시점에 차감하는 수수료이며, 주로 1.0% 내외로 차감하는 경우가 많다. 즉, 1억 원의 투자자금으로 펀드에 가입하면 실제 자산운용사에 투자되는 자금은 선취판매수수료 100만 원(1억 원× 1.0%)을 제한 9,900만 원이 투자된다.

② 후취판매수수료: 환매 시점에 차감하는 수수료다. 현실적으로는 일괄적으로 무조건 수수료를 차감하는 펀드는 거의 없고, 투자자가 일찍 펀드를 환매하는 경우에 페널티적 성격으로 부과하는 방식이 많다.

③ 환매수수료: 투자자가 일찍 펀드를 환매하는 경우에 페널티적 성격으로

부과하는 수수료다. 후취판매수수료는 판매회사에 귀속되는 반면, 환매 수수료는 펀드 재산에 다시 편입된다.

반면, 펀드의 보수는 펀드 평가 금액에서 매일매일 차감하는 비용이다. 크게 판매보수, 운용보수, 수탁보수, 기타보수 등으로 나뉜다. 보수율이 연 0.365%라면 하루에 0.001%씩 차감하는 구조다.

① 판매보수: 판매회사(은행, 증권사, 보험사 등)에 지급하는 보수.

② 운용보수: 펀드를 운용하는 자산운용사에 지급하는 보수.

③ 수탁(신탁)보수: 펀드 재산의 보관, 관리, 운용감시 등의 역할을 하는 신탁업자(은행 등)에게 지급하는 보수.

④ 기타보수: 일반 사무회사 등에 지급하는 보수.

펀드 클래스의
종류

펀드 클래스 체계는 펀드수수료, 펀드보수, 판매회사 등에 따라 나뉜다. 대표적인 펀드의 클래스로는 A, C, e, P, p, S, w가 있다. 가장 중요한 클래스의 구분은 A클래스와 C클래스 중 어느 것을 선택하느냐다. 예를 들어 A클래스는 선취판매수수료 1.0%, 판매보수 연 0.7%, C클래스는 판매보수 연 1.5%라고 가정해보자. 1년 투자 후에 환매한다면 A클래스는 총 1.7%를, C클래스는 1.5%를 부담하게 된다. 하지만 2년 투자 후에 환매한다면 A클래스는 총 2.4%를, C클래스는 3.0%를 부담하게 된다. 이렇듯 대부분의 경우 단기 투자에는 C클래스가 유리하고, 장기 투자에는 A클래스가 유리하다.

A클래스와 C클래스는 판매회사 직원과의 상담을 통해서 가입이 이루어지고, 판매 직원의 관리를 받는 것이 일반적이기 때문에 높은 수수료 및 보수를 부담하게 된다. 하지만 스스로 의사결정을 할 수 있다면 온라인 가입 전용인 e클래스나 펀드슈퍼마켓 가입 전용인 S클래스에 가입해 비용을 절감할 수 있다. 다만, S클래스의 경우 환매 제한기간이 2~3년 등으로 상당히 긴 경우가 많으니 주의해야 한다.

펀드의 클래스

- ▶ A: 선취판매수수료(일반적으로 1.0%)가 있다.
- ▶ C: 판매수수료가 없다. (판매보수만 있다.)
- ▶ e: 온라인 가입 전용이다.
- ▶ P: 연금저축계좌 가입 전용이다.
- ▶ p: 퇴직연금계좌 가입 전용이다.
- ▶ S: 펀드슈퍼마켓 가입 전용이다.
- ▶ w: 랩어카운트계좌 가입 전용이다.

장기적으로 안전하게 투자할래,
인덱스 펀드

2007년 말 '투자의 현인'이라고 불리는 워런 버핏이 프로티지 파트너 스라는 펀드운용회사와 앞으로 10년 후의 누적수익률에 대해 내기를 했다. 그야말로 세기의 대결로 전 세계 투자자들의 이목을 끌기에 충분했다. 워런 버핏은 S&P500지수 인덱스 펀드를 선택했고, 프로티지 파트너스는 5개의 펀드에 분산투자하기로 했다. 2017년 말, 결과는 워런 버핏의 승리였다. 인덱스 펀드의 연평균 수익률은 7.1%였던 반면에 프로티지 파트너스 펀드의 연평균 수익률은 2.2%였다. 워런 버핏은 2013년 주주총회에서 이런 유언을 남겼다고 한다. "내 유산의 90%는 인덱스 펀드에, 나머지 10%는 국채에 투자하라."

'투자의 현인'이 추천하는
인덱스 펀드

인덱스 펀드는 특정 지수(예: KOSPI200)의 수익률과 동일하거나 유사한 수익률 달성을 목표로 하는 펀드다. 반면 일반적인 주식형 펀드는 지수의 수익률을 초과 달성하려는 목표를 세워놓고, 펀드매니저가 판단하여 수익률이 좋을 것 같은 주식은 더 많이 편입하고 좋아 보이지 않는 주식의 비중은 줄여가면서 펀드의 자금을 운용한다.

인덱스 펀드에서의 인덱스(Index)는 '지수'를 의미한다. 우리나라의 대표적인 주가 지수인 KOSPI200지수는 거래소의 대표 우량 종목 200

대표적인 주가 지수 – 인덱스 지수

국가(시장)	지수
한국	KOSPI200지수
미국	S&P500지수
중국	상해종합주가지수
일본	NIKKEI225지수
홍콩	HSCEI지수
대만	대만가권지수
영국	FTSE100
독일	DAX30
유럽	EUROSTOXX50

개를 시가총액 비중에 따라 지수화한 것으로 주식시장 전체를 가장 잘 대표한다고 할 수 있다. 이외에도 해외주식 지수, 특정 산업군의 주식 종목으로 구성된 반도체 지수, 은행지수 등의 섹터 지수, 특정 그룹의 계열사 주식으로 구성된 그룹주 지수 등 다양한 지수들이 존재한다. 인덱스 펀드는 그야말로 펀드매니저의 역량을 무시하고 벤치마크(기준 수익률)로 정해진 지수만을 추종하는 것을 목표로 한다.

인덱스 펀드의
장점

인덱스 펀드는 가장 확실한 분산투자를 구현했다고 볼 수 있다. 왜냐하면 벤치마크가 된 지수를 구성하는 여러 종목에 나누어 분산투자하므로 투자위험을 상당히 줄일 수 있기 때문이다. 게다가 지수 대비 초과 수익 달성을 목표로 하는 액티브 펀드(Active Fund)보다 리서치에 대한 부담이 작고, 상대적으로 주식 매매가 적어 자주 사고팔 필요도 없어 펀드 운용 비용이 가장 저렴하다. 보통 자산운용사에서 운용에 대한 비용으로 부과하는 운용보수가 연 1.0%인 데 비해 인덱스 펀드는 연 0.6% 정도의 운용보수가 적용되고 있다. 단기간으로 보면 작은 차이라고 볼 수 있지만, 작은 운용보수의 차이도 장기간 비교해보면 큰 수익률 차이를 만들 수 있다.

인덱스 펀드와 액티브 펀드 비교

인덱스 펀드(패시브 펀드)	액티브 펀드
벤치마크지수 수익률 추구	벤치마크를 넘는 초과 수익률 추구
소극적(Passive) 운용	적극적(Active) 운용
지수 추종 목적	수익 추구 목적 종목 발굴
Buy & Hold	마켓타이밍 전략적 자산배분
시스템 운용	펀드매니저 운용

인덱스 펀드는 해당 지수가 채택하는 종목을 대부분 또는 전부 매수하여 보유하는 간단한 운용방법을 사용하기 때문에 펀드의 포트폴리오 구성 내용을 누구나 쉽게 알 수 있도록 투명하게 운용한다. 또한 주가가 상승하는 우량 종목의 비중은 커지고 주가가 하락하는 종목의 비중이 자연스럽게 줄어드는 효과를 자동적으로 누릴 수 있다.

인덱스 펀드는 장기적이고 지속적으로 벤치마크 대상인 지수의 수익률을 그대로 따라가기 때문에 보수적인 주식 투자자들에게 적합한 펀드라고 볼 수 있다. 또한 최근에는 단순한 종합주가지수 외에도 특정 테마나 특정 섹터의 지수가 개발되어 이를 추종하는 인덱스 펀드들도 속속 나오고 있다.

다시 한번 정리하면, 인덱스 펀드는 확실한 분산투자로 위험성이 낮고, 운용보수가 낮으며, 운용이 투명하여 수익률 예측이 가능하다는 장점을 갖고 있다.

인덱스 펀드의
단점

인덱스 펀드는 주식 편입비율을 적극적으로 조절하지 않기 때문에 주가 약세장에서는 주식 편입비율이 낮은 펀드보다는 수익률이 낮아질 수밖에 없다. 즉, 인덱스 펀드도 약세장에서는 수익률 방어가 어렵다. 물론 인덱스 펀드는 철저한 분산투자 등으로 인해 개별 종목에 비해서는 하락 폭이 작은 것이 일반적이다.

대부분의 액티브 펀드는 장기적으로 인덱스 펀드의 수익률을 이기지 못하지만, 모든 액티브 펀드가 그렇지는 않다. 탁월한 펀드매니저가 운용하는 액티브 펀드가 인덱스 펀드를 초과하는 수익률을 내는 경우가 희박하지만 분명히 있다.

인덱스 펀드
활용법

우리는 인덱스 펀드 하면 KOSPI200지수를 추구하는 인덱스 펀드를 떠올리기 쉽다. 하지만 좀 더 큰 시각에서 바라본다면, 인덱스 펀드는 한국 주식시장이라는 특정 종목에만 투자하고 있는 꼴이 될 수도 있다. MSCI지수를 추종하는 글로벌 인덱스 펀드 등도 훌륭한 선택지가 될 수 있다.

또한 인덱스 펀드 중 일일 지수 변동폭의 1.5배나 2배의 수익률을 내도록 설계된 레버리지 인덱스 펀드도 큰 인기를 끌고 있는데, 레버리지 펀드는 전체 투자 기간 수익률의 배수로 수익률이 정해지는 것이 아니라 매일매일 주가 지수 수익률의 배수로 운용되기 때문에 오히려 장기 투자에는 적합하지 않다는 점을 유의해야 한다.

인덱스 펀드의 투자 포인트

▶ 지수가 상승하리라고 예상하고 시장 상승에 따른 가장 합리적인 수익을 기대할 때
▶ 적은 돈으로 시장 전체에 투자하는 효과를 내고자 할 때
▶ 개별 종목을 분석하여 투자하기보다는 거시적인 변화를 기초로 투자하고자 할 때
▶ 개별 종목에 따른 위험을 줄이고자 할 때
▶ 주식 투자 경험이 적은 상태에서 투자할 경우
▶ 목표로 하는 지수를 가장 충실하게 따라가는 펀드를 원할 때

의결권을 포기하고 받는 소중한 배당,
우선주 펀드

주식을 분류하는 방법에는 여러 가지가 있지만, 대표적인 분류법은 '보통주'와 '우선주'로 나누는 것이다. 보통주는 의결권, 즉 주주총회에 참석하여 안건의 찬반 의견을 제시할 수 있는 권리가 포함되어 있는 주식이고, 우선주는 의결권이 없는 대신 배당을 더 주는 등의 다른 혜택이 있는 주식이다.

그렇다면 둘 중 어떤 주식의 인기가 높을까? 지금까지의 주식 투자는 단순히 주식 매매차익을 거두기 위한, 즉 배당 수익은 크게 신경 쓰지 않고 주식을 싸게 매입해서 비싸게 매도하겠다는 목적의 투자 방식이 대부분이었다. 하지만 주식 투자수익률의 변동성이 점점 커지면서 꾸준한 배당수익률에 투자자들의 관심이 높아지고 있다. 배당수익률이 좋은 배당주 및 배당주 펀드에 대한 선호도가 높아짐에 따라, 배당주의 대표격이라고 할 수 있는 우선주 및 우선주 펀드에 대한 투자자들의 관심이 커지고 있는 것이다.

보통주와
우선주

일반적으로 주식 소유자인 주주는 주주총회에 참석해 기업의 주요 경영 사항에 대해 의결권을 행사하고 배당을 받으며, 발행되는 신주를 인수하는 등 주주로서의 권리를 행사할 수 있다. 하지만 우선주 주주는 주주총회에서의 의결권을 포기하는 대신 보통주보다 재산적 내용(이익, 이자 배당, 잔여재산 분배 등)에 있어서 우선적 지위가 인정된다. 따라서 우선주는 대개 회사의 경영 참가에는 관심이 없고, 배당 등에 관심이 높은 투자자들이 선호한다. 우선주 투자자 입장에서는 많은 배당을 기대할 수 있고, 회사 입장에서는 경영권 위협 없이 자금을 조달할 수 있기 때문이다.

하지만 지금까지 국내에서 우선주는 인기가 별로 없었다. 대주주들은 의결권을 행사해서 회사 경영권을 지배하는 데 필요한 보통주를 선호하기 때문에, 의결권이 없는 우선주는 대부분 관심 밖이었다. 뿐만 아니라 자본금의 절반까지 우선주를 발행할 수 있게 규정이 완화되면서 많은 물량의 우선주가 발행돼 우선주 주가가 하락하기 일쑤였다. 게다가 우선시한다던 배당률에도 큰 차이가 없었다는 점이 가장 컸다. 일반적으로 우선주의 배당률은 보통주보다 1% 정도를 더 주는 데 그치는 경우가 많았다. 이런 이유로 우선주는 대개 보통주보다 주가가 30% 정도 낮은 편이었다.

우선주의
인기 상승 요인

그런데 최근 분위기가 바뀌고 있다. 한국거래소(KRX)에 따르면 일평균 거래 대금이 5억 원 이상인 우선주 종목 수는 2014년 12개에서 2019년 44개로 대폭 증가했다고 한다. 투자자들의 관심이 확연히 높아지고 있다는 뜻이다. 아무래도 배당수익과 같은 인컴수익에 대한 관심이 늘어나면서 꾸준한 배당수익을 노릴 수 있는 우선주가 배당주로서의 가치를 인정받고 있다는 의미다.

특히 2016년 스튜어드십 코드(연기금과 자산운용사 등 기관투자가들의 의결권 행사를 적극적으로 유도하기 위한 자율 지침)가 시행되면서, 배당성향을 높여달라는 주주들의 압박에 대기업들을 중심으로 매년 배당성향이 높아지고 있는 것도 큰 이유가 되고 있다.

또한 모건스탠리캐피털인터내셔널(MSCI) 코리아지수의 구성 종목 엔 2008년까지는 삼성전자우와 현대차2우B만 포함됐지만 현대차우, LG화학우, 아모레퍼시픽우, LG생활건강우가 추가되어 2019년에는 총 6개의 우선주가 편입되는 등 종목도 늘고 있다.

이와 같은 이유로들로 주목받지 못하던 우선주들이 관심을 받으면서 우선주와 보통주의 괴리율이 점점 좁혀지고 있다. 결국 우선주 인기 상승의 가장 중요한 이유는 행동주의 투자, 스튜어드십 코드 등 주주권 행사 활성화에 따른 보통주 의결권의 가치 하락 및 지속적으로 높아지는 배당성향이라고 볼 수 있으며 당분간 이러한 트렌드는 지속될 것으로 예상된다.

우선주 펀드의
장점과 종류

그러나 개인이 우선주에 집중적으로 투자하기에는 아직까지 불편한 점 들이 많다. 우선주 종목 수도 많지 않고 우선주의 거래량이 적어 원하는 종목을 원하는 시점에 매수·매도하기 어렵다. 또한 각 회사들의 배당 정책에 대한 예상 및 대응이 전문가들에 비해 느리기 때문에 우선주 투 자에 관심이 있는 투자자들도 실행에 옮기기가 만만치 않다. 이러한 이 유로 장기적인 비전을 갖고 우선주에 대한 투자를 실행할 투자자라면 우선주를 직접 매매하기보다는 우선주 ETF나 우선주 펀드에 가입하기를 추천한다.

현재 시장에 출시된 우선주 펀드는 미래에셋자산운용의 'TIGER우선주ETF'와 신영자산운용의 '신영밸류우선주펀드' 두 개뿐이다. 전자는 인덱스 펀드이면서 ETF(인덱스 펀드의 일종으로 거래소에 상장시켜 주식처럼 편리하게 거래할 수 있도록 만든 상품)이기 때문에 한국거래소에서 주식처럼 사고파는 방식으로 투자할 수 있고, 후자는 액티브 펀드(지수 대비 초과 수익 달성을 목표로 하는 상품)이기 때문에 두 펀드의 성격이 확연히 다르며 투자 방법도 다르다.

TIGER우선주ETF는 한국거래소가 산정하는 코스피 우선주지수를 추종한다. 이 지수는 유가증권 시장에 상장된 우선주 중 우량 종목 20개로 구성됐다. 삼성전자우(펀드 구성 비중 23%), 현대차2우B(16%), LG생활건강우(15%), LG화학우(13%) 등에 주로 투자한다.

신영밸류우선주펀드의 포트폴리오 내 '빅 5' 종목은 삼성전자우(11%), 현대차우(4%), 롯데칠성우(4%), 금호석유우(4%) 등으로 포트폴리오가 상당히 다르다.

두 펀드의 2019년(7월 기준) 수익률을 살펴보면, TIGER우선주ETF의 수익률은 +4.6%, 신영밸류우선주펀드의 수익률(2019.7.24. 기준)은 +4.16%로, 코스피 지수의 수익률 +2.0%에 비해 초과 수익을 달성하고 있으면서도 변동성은 코스피지수보다 작은 편이다.

해외 우선주에 투자하는
글로벌 인컴펀드

국회 예산정책처에서 발표한 '주요국 기업 배당성향 현황 분석'에 따르면, 지난 10년간 한국의 상장회사들의 배당성향(배당금액/당기순이익)은 평균 25%였다고 한다. 한국의 상장회사가 1년에 100억 원을 벌면 주주들에게 25%인 25억 원을 배당하고 75%인 75억 원을 사내에 유보한다는 뜻이다.

　같은 기간 동안 미국·일본 등 G7 국가의 기업들은 과연 얼마만큼씩 배당을 했을까? G7 국가 기업들의 배당성향은 42%에 달했다고 한다. 심지어 신흥국인 BRICS(브라질·러시아·인도·중국·남아프리카공화국)와 VIP(베트남·인도네시아·필리핀) 기업의 배당성향 역시 각각 35.7%, 41.2%로 우리나라보다 훨씬 높았다. 주요 15개국 가운데 우리나라보다 배당성향이 낮은 국가는 인도(23.8%)뿐이었다고 한다.

　한국의 배당성향이 만족스럽지 않다면 배당성향이 상대적으로 높은 해외 펀드에 투자하는 방법도 있다. 글로벌 인컴펀드는 일정 비율 이상을 해외 상품, 배당성향이 높은 우선주 같은 주식들과 이자수익률이 높은 채권 등에 투자하여 꾸준한 수익을 추구하는 상품이다. 높은 리스크를 피하면서 꾸준한 시중금리 이상의 수익률을 추구하고자 하는 투자자들에게는 좋은 추천 상품이 될 것이다.

공모주 청약의 장점만 모여라, 공모주 펀드

김철승 씨는 주식 투자를 하기에는 부담스럽고 예금을 하기에는 금리가 너무 낮은 것 같아서 주로 공모주 청약을 통해 재테크를 하고 있다. 공모주 청약이란 아직 거래소에 상장되지 않은 기업이 자기 회사 주식을 증권시장에 상장할 때 기관투자가 외에 일반 투자자에게도 청약을 받아 주식을 배정하는 것을 말한다.

공모주 청약으로 배정받은 주식이 한국거래소(KRX)에 상장되면 그 주가가 공모가액을 웃도는 경우가 많다. 따라서 투자위험은 크지 않으면서 상대적으로 높은 수익을 올릴 수 있는 재테크 방법으로 인기가 높다.

공모주 청약의
단점

하지만 현실적으로 일반 투자자에게 공모주 투자는 '그림의 떡'인 경우가 많다. 공모주를 취득할 수 있는 공모주 청약 과정에 여러 가지 어려움이 많기 때문이다. 우선 대부분의 경우 수백 대 1이 넘는 높은 경쟁률 때문에 배정받을 수 있는 주식 수가 그리 많지 않다. 김철승 씨도 그동안 열심히 모은 1,000만 원을 모두 공모주 청약에 넣었는데 경쟁률이 수백 대 1인 경우가 대부분이어서 불과 몇 주만 배정받았다. 그렇다고 수억 원씩 청약하는 자산가들을 따라 더 큰 자금으로 청약할 수 없는 개미투자자들 입장에서는 그야말로 맛만 볼 수밖에 없는 상황이다.

김철승 씨와 같은 개미투자자들이 겪는 불편함은 또 있다. 김철승 씨가 주로 거래하는 증권회사가 주관사인 경우를 빼면 매번 다른 증권회사로 자금을 옮겨가며 청약해야 한다는 점이다. 공모주 청약 주관사인 증권회사에 배정 물량이 더 많기 때문에 주관사인 증권회사에서 청약을 해야 유리한데, 그렇다고 매번 다른 증권회사에서 청약을 하는 것은 만만치 않은 일이다. 게다가 대부분의 증권사는 최대 청약 가능 금액을 평소 거래 실적 또는 고객 등급을 기준으로 차등 제한하고 있다. 내가 원하는 공모주 청약을 진행하는 증권회사와 평소 거래가 많지 않았다면 공모주 청약을 할 수 있는 금액이 적게 설정되어 개인투자자들은 늘

아쉬움을 느낄 수밖에 없다.

공모주 자체에 대한 정보가 많지 않다는 점도 공모주 청약의 걸림돌로 꼽힌다. 공모주 가치 분석, 공모가 적정성 여부를 면밀히 따지지 않고 '묻지 마 투자'를 할 경우 상장 이후에 손실을 볼 수 있다. 공모주 상장 이후 주가가 항상 청약 공모가액을 웃도는 것만은 아니기 때문이다. 또한 공모가액보다 높은 가격으로 거래된다 하더라도 적절한 매도 시점을 잡는 것도 쉽지 않을 수 있다.

공모주 펀드의

장점

김철승 씨와 같은 일반 투자자에게는 공모주 청약을 통한 직접투자보다는 공모주 펀드를 추천한다. 공모주 펀드는 가입자들의 자금으로 안전한 채권 등에 투자하면서 공모주 청약이 있을 때에는 기관투자가 자격으로 공모주 청약에 참여하여 수익을 올리는 펀드다.

일반 개인 자격으로 공모주 청약에 나설 경우 일반적으로 공모주 청약 금액의 50%를 증거금으로 납입해야 하지만 기관투자가는 별도의 증거금을 내지 않아도 된다. 청약 경쟁률에 따라 공모주를 배정받은 후 배정받은 주식 수에 해당되는 금액만 납입하면 되기 때문에 투자자금 효율성이 훨씬 높아진다.

또한 기관투자가 몫으로 배정되는 공모주 청약 물량이 개인투자자의 청약에 배정된 몫보다 훨씬 많다 보니 물량 확보 측면에서도 공모주 펀드가 유리하다. 일반적으로 공모주 청약 전체 물량의 20%는 우리사주조합에 배정하고, 코스닥 벤처펀드에 우선 배정하는 물량, 기관투자가에게 배정하는 물량 등을 빼고 나면 개인투자자에게 배정되는 비율은 겨우 10% 안팎인 경우가 많다. 그렇기 때문에 기관투자가 자격으로 공모주 청약을 하게 되면 상대적으로 더 많은 공모주를 확보할 수 있다.

공모주 펀드의 또 다른 장점은 이 증권사 저 증권사 돌아다닐 필요가 없다는 점이다. 공모주 청약에 주로 투자하는 개인투자자들은 수십 개 증권회사의 계좌를 보유하고 공모주 청약을 할 때마다 주관사를 방문하여 청약 서류를 작성하고 청약 대금을 입금하느라 이리저리 바쁘게 돌아다니는 경우가 많지만, 공모주 펀드를 활용할 경우에는 그런 수고로움이 없어진다.

마지막 장점은 바로 정보력이다. 증권회사의 각종 분석자료나 수없이 쏟아지는 신문 기사들을 통해 투자 대상 기업의 정보를 구하기 쉬운 상장회사들에 비해, 신규 상장하는 기업들에 대한 정보가 턱없이 부족한 일반투자자들은 투자 의사결정을 내리는 데 어려움을 겪는다. 하지만 자산운용사의 펀드매니저들은 신규 상장기업들에 대해서도 자체적으로 꼼꼼히 분석해 투자 의사결정을 내릴 수 있고, 상장 이후에도 목표 금액 및 매도 시점을 판단할 때 훨씬 더 전문적일 수밖에 없다. 즉, 개인

투자자들보다 더 나은 수익률을 기대할 수 있다는 장점이 있다.

안정적인 공모주 펀드 vs

적극적인 코스닥 벤처펀드

공모주 펀드를 대부분의 투자자금을 공모주 청약에 투자하는 적극적인 주식형 펀드로 알기 쉬운데, 사실 공모주 펀드는 주식형 펀드나 주식혼합형 펀드가 아닌 채권혼합형 펀드로 설정된다. 펀드 자산의 70%가량은 채권에 투자하고 나머지 30% 이내를 공모주 등에 투자하는 구조다. 즉, 채권 편입 비중이 주식 투자 비중에 비해 훨씬 높기 때문에 주가 등락에 따른 펀드수익률의 변동성이 그리 크지 않다는 장점을 지닌다. 다시 말해 공모주 펀드는 큰 수익을 기대하기보다는 시중금리를 약간 웃도는 정도의 목표수익률을 가져가야 한다는 뜻이다. 대신 일반 주식형 펀드보다는 훨씬 안정적인 수익률을 추구할 수 있다.

만약 좀 더 적극적인 수익률을 추구한다면 코스닥 벤처펀드에 가입해보는 것도 고려할 만하다. 코스닥 벤처펀드는 투자금의 50% 이상을 의무적으로 코스닥이나 벤처기업에 투자하는 펀드다. 코스닥 공모주 물량의 30%를 코스닥 벤처펀드에 우선 배정해주는 제도가 있기 때문에 공모주 펀드보다 더 많은 공모주 물량을 배정받을 수 있어 수익률을 높일 수 있다. 다만 코스닥 벤처펀드는 70%가량을 채권에 투자하는 공모주 펀드와는 달리 주로 주식에 투자하는 펀드이기 때문에 손실 확률도 더 높다는 점을 유의해야 한다.

공모주 청약의 단점

▶ 높은 경쟁률로 배정 물량이 적다.
▶ 매번 다른 주관사(증권사)를 통해 청약해야 하는 번거로움이 있다.
▶ 정보가 부족하다.

공모주 펀드의 장점

▶ 청약 금액 50% 상당의 증거금 납입이 필요 없다.
▶ 개인투자자에 비해 공모주 배정 물량이 훨씬 많다.
▶ 주관사에 따라 증권회사를 옮기는 번거로움이 없다.
▶ 풍부한 정보력으로 수익률 제고에 유리하다.

최소 가입 금액 1억 원,
귀족 펀드라고 불리는 헤지펀드

'귀족 펀드'라고 불리는 펀드가 있다. 바로 헤지펀드다. 한국에서 헤지펀드는 찬반 격론 끝에 2011년 11월 출범했다. 이때 당시 헤지펀드의 최소 가입 금액이 무려 5억 원이었다. 헤지펀드에 가입하려면 최소 5억 원을 투자해야 하니, 금융 자산가나 법인이 아니면 가입 자체를 꿈꾸기 힘든 그야말로 '귀족 펀드'였다. 5억 원이라는 어마어마한 최소 가입 금액은 일반인의 투자 기회를 거의 막아버린, 엄청나게 높은 진입장벽이었던 것이다.

그러다 2015년 금융당국이 헤지펀드의 최소 가입 금액을 1억 원으로 낮추면서, 헤지펀드는 전성기를 맞게 된다. 2015년 말 기준 3조

4,000억 원이던 헤지펀드 잔고는 2019년 30조 원을 넘어섰다. 헤지펀드를 운용하는 자산운용사는 170개가 넘으며, 헤지펀드의 수도 2,600개를 넘고 있다.

현재 강남권 PB센터의 VIP 고객들은 대부분 헤지펀드에 한두 개씩은 가입하고 있다고 봐도 과언이 아닐 정도로 헤지펀드는 은행, 증권사 VIP 고객들을 중심으로 급성장하고 있다.

헤지펀드의
장점

그럼 헤지펀드가 무엇이길래 이렇게 많은 자금이 모이고 우수한 성과를 나타내는 것일까? 헤지펀드는 49인 이하의 소수 투자자로부터 1억 원 이상씩의 자금을 모아 주식시장이나 채권시장의 상황에 관계없이 절대수익을 추구하기 위해 운용하는 펀드를 말한다.

헤지(Hedge)는 위험을 차단하기 위해 설치하는 '울타리'라는 뜻이다. 특히 금융에서는 가격 변동위험을 피하기 위해 행하는 거래라는 뜻으로 '위험 회피' '위험 분산'의 의미를 갖고 있다. 즉, 시장 상황에 좌지우지되는 위험을 줄이고, 안정적이고 꾸준한 수익률을 확보하기 위한 펀드가 헤지펀드다.

금융 자산가들이 원하는 것은 고위험·고수익 상품이 아닌, 꾸준하게 안정적인 수익을 거두는 것이기 때문에 헤지펀드와 같은 절대수익 추구형 금융상품의 인기가 계속 높아지는 것이다. 또한 최근 국내외 주식 시장의 수익률이 안정적이지 못하고 채권과 같은 안전자산의 수익률도 높지 않아 갈 곳을 잃은 자금들이 워낙 많은 것도 헤지펀드 인기의 또 다른 이유다.

헤지펀드의
절대수익 전략

헤지펀드가 고객들이 원하는 절대수익을 추구하기 위해서는 기존 일반적인 펀드가 투자하는 방법인 주식이나 채권을 사고파는 단순한 운용 전략에서 더 나아가 선물, 옵션, 통화 선물, 원자재 선물 등 다양한 투자 대상으로 자금을 운용해야 한다.

또한 고객들이 투자한 자금 이외에도 추가로 자금 차입을 일으켜 레버리지 효과(자본금을 지렛대로 삼아 더 많은 외부 자금을 차입하는 것)를 볼 수 있다는 점, 운용자에게 정해진 운용보수가 아닌 초과수익률에 따른 성과보수를 지급한다는 점 등이 헤지펀드의 특징이다. 그러다 보니 우수한 펀드매니저들이 일반 펀드보다는 헤지펀드를 운용하고 싶어 하는 현상이 발생하기도 한다.

헤지펀드들이 절대수익을 추구하기 위해 사용하는 전략들은 여러 가지가 있는데 그중 대표적인 전략을 살펴보면 다음과 같다.

롱숏(Long Short) 전략

금융에서 롱(Long)은 '산다' '매수한다'라는 뜻으로 쓰이며, 숏(Short)은 '판다' '매도한다'라는 뜻으로 쓰인다. 우리가 접하는 일반적인 펀드의 경우에는 오직 매수해서 가격이 오르면 시세차익을 보고 파는 전략으로만 수익을 거둘 수 있는 데 반해, 헤지펀드는 롱숏의 두 가지 전략을 동시에 쓸 수 있다는 장점이 있다. 간단히 표현하자면 가격이 상승할 것으로 예상되는 투자 대상을 미리 매수하는 동시에 하락할 것으로 예상되는 투자 대상을 미리 매도하는 전략이다. 현재 한국 헤지펀드의 운용 전략들 중 가장 대표적인 전략으로 자리매김하고 있는 전략이 바로 롱숏 전략이다.

이벤트 드리븐(Event Driven) 전략

기업들에게 일어나는 특별한 사건(Event)에 주목하여 투자의 기회를 포착하는 전략이다. 인수, 합병, 자사주 매입, 자본 확충, 회사 정리, 파산 등이 기업의 대표적인 이벤트인데, 일반적으로 이러한 이벤트 전후에는 기업 가치 및 주가의 변화가 일어나기 마련이므로 헤지펀드는 이를 활용하여 수익을 거둔다.

글로벌 매크로(Global Macro) 전략

이름부터 그렇지만, 가장 거시적이고 광범위한 전략이다. 고위험, 고수익(High Risk, High Return)형 전략이기도 하다. 각국의 주식, 채권, 원자재, 환율 등 전 세계 모든 것이 투자 대상이다.

거시경제 변수를 특정한 계량 모델에 입력하여 도출된 통계값으로 금융시장을 전망하고 투자 기회를 포착한다. 그러다 보니 주식 투자보다는 주로 금리나 환율 등에 투자하고, 이로 인해 특정 국가의 환율에 큰 영향을 미치기도 한다. 헤지펀드가 투기적인 펀드라고 오해받는 일이 가끔 발생하는데, 글로벌 매크로 전략의 희생양이 되는 국가의 입장에서는 헤지펀드가 그렇게 보일 수도 있다.

메자닌(Mezzanine) 전략

다양한 채권의 종류 중에서 '주식 관련 사채'라고 불리는 채권들이 있다. 주식으로 전환할 수 있는 옵션이 포함되어 있는 전환사채(CB), 신주를 저렴한 가격에 살 수 있는 권리가 붙어 있는 신주인수권부사채(BW), 회사에서 보유하고 있는 타사의 주식으로 교환할 수 있는 교환사채(EB) 등이다.

이러한 주식 관련 사채들은 채권 발행회사가 파산하여 채권의 원리금을 돌려받지 못하는 경우가 아니라면, 기본적인 채권의 이자를 확보한 상태에서 주식으로 전환 또는 교환할 경우 큰 시세차익을 볼 수 있는 기회를 갖고 있다.

하지만 일반 회사채가 아닌 주식 관련 사채를 발행하는 회사들은 신용도가 떨어지거나 충분한 검증이 되지 않은 회사일 가능성이 높아 위험성도 높은 편이다. 주식 관련 사채를 발행한 회사의 전망을 정확하게 예측할 수만 있다면 안전성과 수익성이라는 두 마리 토끼를 다 잡을 수 있는 전략이다.

대표적인 4가지 전략 이외에도 상장하기 전에 우량 회사의 주식을 미리 사두었다가 상장 후 되팔아서 수익을 남기는 기업공개(IPO) 전략, 채권 차익 거래를 통한 이자율 상품투자 또는 이자율 파생상품을 활용한 상대가치 투자 등으로 수익을 내는 픽스드 인컴(Fixed Income) 전략 등도 있다. 헤지펀드들은 절대수익을 추구하기 위해 위와 같은 다양한 전략을 구사하여 수익을 만들어 나간다.

500만 원으로
헤지펀드에 가입하는 방법

최소 가입 금액을 낮췄다고 하더라도 펀드에 가입하려면 1억 원은 있어야 하기 때문에 헤지펀드는 여전히 일반인은 꿈꾸기 어려운 '귀족 펀드'가 맞다. 이에 최근 여러 개의 헤지펀드들을 모아서 다시 하나의 펀드로 만든 재간접 펀드가 출시되었다. 일종의 '모둠 펀드'라고 하면 이해가 빠를 것이다. 이제 5억 원도 아니고, 1억 원도 아닌 딱 500만 원으로도 귀족 펀드였던 헤지펀드에 가입할 수 있게 되었다. 그것도 1개의 헤지펀드가 아닌 8개 안팎의 다양한 헤지펀드에 분산투자할 수 있는 길이 생긴 것이다.

미래에셋자산운용에서는 '미래에셋스마트헤지펀드셀렉션혼합자산펀드', 삼성자산운용에서는 '삼성솔루션코리아플러스알파혼합자산투자신탁(H)'를 출시하였는데, 이와 같은 재간접 펀드에 가입하면 여러 개의 헤지펀드에 골고루 가입한 효과가 발생한다. 왜냐하면 삼성자산운용의 재간접 펀드는 펀드 가입 자금으로 국내 헤지펀드 4개, 해외 헤지펀드 4개에 다시 가입하는 구조이고, 미래에셋자산운용의 재간접 펀드는 펀드 가입 자금으로 국내 헤지펀드 9개에 다시 가입하는 구조이기 때문이다.

펀드 가입자의 자금으로 다양한 펀드에 다시 투자하는 펀드인 재간접 펀드의 장점은 무엇일까? 우선 일반인들이 분석하기 힘든 각 헤지펀드들의 장단점을 전문가들이 분석하고 평가하여 8~9개의 헤지펀드를 선정한다. 게다가 분산투자 효과의 극대화를 위하여 투자 전략별로 조합을 만들어 관리하고, 일정 기간마다 편입된 헤지펀드들의 성과를 평가하여 기준에 미달한 헤지펀드는 다른 헤지펀드로 교체 편입해 수익률을 높인다.

가입하고자 하는 헤지펀드의 주요 전략이 무엇인지 알아보고, 다양한 헤지펀드 전략들 중에서 최고의 선택인지 불안해하는 직접 투자자들의 고충에서 벗어날 수 있으며, 분산투자로 안전하게 수익을 낼 수 있다는 것이 재간접 펀드의 가장 큰 장점이다.

통행료 받는 터널 주인이 되어 볼까?
인프라 펀드

건물주에 대한 로망이 은퇴 후 노후를 준비하는 중장년층뿐만 아니라 10대 청소년에게까지 확산되고 있다. 건물 가격이 올라 매매차익을 거두고 싶은 욕심도 있겠지만, 건물주가 되고 싶은 더 큰 이유는 꼬박꼬박 들어오는 월세 때문일 것이다. 열심히 일하지 않아도 내 자산이 돈을 벌어다 주는 구조, 즉 경제적 자유를 원하는 것이다.

우리는 간접투자 상품인 부동산 펀드나 인프라 펀드를 통해서 이러한 니즈를 간접적으로 달성할 수 있다. 우선 인프라 펀드에 대해 알아보자.

통행료 차곡차곡 챙기는
주인 되기

고속도로에서 톨게이트 비용을 내기 위해 길게 늘어선 차들을 볼 때마다, 터널을 통과하기 위해 통행료를 지불할 때마다 '저 통행료를 꼬박꼬박 받는 사람은 얼마나 좋을까?'라고 생각한 적이 있을 것이다. 부동산 펀드를 통해 건물주가 될 수 있듯이, 우리는 인프라 펀드를 통해 고속도로나 터널의 주인이 되어 통행료를 받을 수 있다. 인프라 펀드는 고객들의 투자자금을 모아 유료 도로 · 터널 · 항만 · 교량 등의 사회간접자본(인프라)을 만들고, 이 인프라를 이용하는 사람들에게 통행료 등을 받아 투자자들에게 다시 나누어주는 구조의 펀드다.

코스피에 상장되어 있는
인프라 펀드

한국의 대표적인 인프라 펀드로는 '맥쿼리인프라펀드'가 있다. 백양터널, 광주순환도로, 인천국제공항고속도로, 수정산터널, 천안 – 논산고속도로, 우면산터널, 마창대교, 용인 – 서울고속도로, 서울 – 춘천고속도로, 인천대교, 부산신항 등 전국 곳곳의 인프라들에 투자하고 있다. 한 가지 독특한 점은 이 펀드가 한국거래소 코스피시장에 일반 주식처럼 상장

맥쿼리인프라펀드 주당 분배금

연도	2012년	2013년	2014년	2015년	2016년	2017년	2018년	2019년 (상반기)
분배금	480원	513원	418원	464원	400원	540원	622원	350원

(코드: 088980)되어 있다는 점이다.

2019년 11월 1일 종가 기준으로 주당 1만 1,850원에 거래되고 있다. 즉, 수많은 인프라의 공동 주인이 되기 위한 최소 금액이 1만 1,850원 정도라는 것이다. 소액으로도 11개 인프라의 주인이 되는 것이며, 여기서 나오는 통행료를 분배받을 수 있다.

이 인프라 펀드는 상·하반기에 한 번씩, 1년에 두 번 분배금을 주주에게 지급한다. 2012년에 1주당 480원, 2013년에 513원, 2014년에 418원, 2015년에 464원, 2016년에 400원, 2017년에 540원, 2018년에 622원을 지급했다.

시가 배당 수익률이 연 5~9%에 이를 정도로 매력적인 수준을 계속 유지하고 있다. 현재 같은 저금리 상황에서 꾸준히 수익을 내는 안정적인 고수익 투자처임에 틀림없다. 아마 임대료·월세를 받는 건물주보다 스트레스도 덜 받고, 관리 책임에 대한 부담도 거의 없는 아주 손쉬운 투자 방법일 것이다.

최소수입보장(MRG)
제도

인프라 펀드는 사회간접자본인 인프라들을 건설하면서 정부나 지방자치단체로부터 '최소수입보장'이라는 제도적 지원을 받는 경우가 많다. 최소수입보장(MRG, Minimum Revenue Guarantee)이란 민간자본으로 건설되는 도로, 교량, 터널, 경전철 등 사회기반시설의 실제 수익이 예상 수익에 못 미칠 경우 손실의 일부를 중앙정부나 지방자치단체 등에서 보전해주는 제도다. 최소수입보장 금액은 일반적으로 추정 통행료 수입의 70~90%선에서 결정된다. 즉, 인프라 펀드의 투자자 입장에서는 일정 수준의 수익성을 보장받는 기능이 있기 때문에 투자위험을 상당 폭 줄일 수 있다. 또한 최소수입보장 금액이 매년 물가상승률만큼 증액된다는 점도 매력적이다.

경기 침체기에는
글로벌 인프라 펀드

미국 트럼프 대통령이 2018년에 1조 5,000억 달러를 인프라에 투자하겠다는 발표를 했다. 미국의 인프라가 상당히 노후화되었기 때문에 도로, 교량, 상·하수도, 공항, 철도 등의 인프라에 대한 투자가 절실히 필요했던 것이다. 미국뿐만이 아니다. 중국도 2018년부터 경제성장률 둔화를 극복하기 위한 방편으로 인프라 투자에 힘을 쏟고 있다. 인도는 모디 총리가 10년간 인프라 건설을 대선 공약으로 내걸 정도라서 향후 인프라 관련 수요가 급증할 것으로 예상된다.

이와 같이 미국, 유럽, 중국, 인도, 중동 등 전 세계적으로 인프라 투자가 크게 늘어나고 있다. 이런 인프라 투자가 진행될 때는 특히 수혜를 받는 주식들이 발생할 수 있으며, 전 세계 인프라 관련 주식들에 투자하는 펀드가 바로 '글로벌 인프라 펀드'다. IT, 바이오, 인터넷 주식들에 비해 전통적인 산업이라고 할 수 있는 기계, 건설, 건설자재 등과 관련된 주식들에 투자한다. 각국에서는 경기가 침체될 때 경기 회복을 위해 정부 재정을 동원해서라도 인프라 투자에 힘을 쓰기 마련이다. 따라서 인프라 펀드는 오히려 경기 침체기에 좋은 성과를 거둘 수도 있다. 글로벌 인프라 펀드는 주식시장과의 상관관계가 낮아 투자자산의 분산 차원에서도 큰 효과를 볼 수 있다. 또한 통행료 수입 등의 대부분을 투자자에게 배당하기 때문에 배당성향이 일반 주식보다 매우 높아 안정적인 수익을 거둘 수 있다.

맥쿼리인프라펀드의 장점

▶ 소액으로 다양한 인프라에 투자하는 효과가 있다.

▶ 최소수입보장(MRG)으로 안정적인 수익을 기대할 수 있다.

▶ 주식시장에 상장되어 있어 언제든지 현금화가 가능하다.

글로벌 인프라 펀드의 장점

▶ 각국에서 적극적으로 인프라 투자를 확대한다.

▶ 높은 배당수익률로 꾸준히 안정적인 수익을 기대할 수 있다.

▶ 주식시장과의 낮은 상관관계로 분산투자 효과가 극대화된다.

위험하지만 수익률 높은
하이일드 채권형 펀드

'하이일드 채권형 펀드'는 말 그대로 높은(High) 수익률(Yield)의 채권들에 투자하는 펀드다. 수익률이 높은 채권은 당연히 신용등급이 상대적으로 낮을 수밖에 없기 때문에 우량한 채권들에 비해서는 상대적으로 리스크가 크다.

국·공채나 우량한 대기업이 발행하는 채권은 안전성이 높기 때문에 신용평가등급도 매우 좋게 받을 수 있고, 금리도 낮게 발행할 수 있다. 즉, 싸게 돈을 빌릴 수 있다는 뜻이다.

반면 신용등급이 높지 않은 기업들의 경우에는 신용평가회사로부터 우량한 신용등급을 받기 어렵기 때문에 우량 채권들보다는 상대적으로 높은 금리로 채권을 발행할 수밖에 없다. 즉, 비싸게 돈을 빌려야 한다는 뜻이다.

국내 신용등급 평가의 예시

신용등급	신용상태	신용등급의 정의
AAA	우수	상거래를 위한 신용 능력이 최우량급이며, 환경 변화에 충분한 대처가 가능한 기업임
AA		상거래를 위한 신용 능력이 우량하며, 환경 변화에 적절한 대처가 가능한 기업임
A		상거래를 위한 신용 능력이 양호하며, 환경 변화에 대한 대처 능력이 제한적인 기업임
BBB	양호	상거래를 위한 신용 능력이 양호하나, 경제 여건 및 환경 악화에 따라 거래 안정성 저하 가능성이 있는 기업임
BB	보통	상거래를 위한 신용 능력이 보통이며, 경제 여건 및 환경 악화에 따라 거래 안정성 저하가 우려되는 기업임
B		상거래를 위한 신용 능력이 보통이며, 경제 여건 및 환경 악화 시에는 거래 안정성 저하 가능성이 높은 기업임
CCC	열위	상거래를 위한 신용 능력이 보통 이하이며, 거래 안정성 저하가 예상되어 주의를 요하는 기업임
CC		상거래를 위한 신용 능력이 매우 낮으며, 거래위험 발생 가능성이 매우 높은 기업임
C		상거래를 위한 신용 능력이 최하위 수준이며, 거래위험 발생 가능성이 매우 높은 기업임
D	부실	현재 신용위험이 실제 발생하였거나 신용위험에 준하는 상태에 처해 있는 기업임
R	평가 제외	1년 미만의 결산재무제표를 보유하거나, 경영상태 급변으로 기업 신용평가 등급을 유보하는 기업임

따라서 저금리 시대에는 국·공채에 주로 투자하는 일반적인 채권형 펀드보다 상대적으로 신용등급이 낮은 기업에서 발행한 높은 금리의 비우량 채권, 즉 하이일드 채권들에 투자하는 하이일드 채권형 펀드의 인기가 높다. 앞의 신용등급 평가 예시표를 참고하면, BBB등급 이상의 회사채를 우량 채권으로, BB등급 이하를 하이일드 채권으로 분류한다는 사실을 알 수 있다.

국내 하이일드

채권형 펀드

국내 하이일드 채권형 펀드는 2014년 3월에 도입된 분리과세 하이일드 채권형 펀드가 대표적이다. 펀드 자산의 60%를 국내 채권에 투자하되 펀드 자산의 45% 이상을 비우량 채권(BBB+ 이하 채권, A3 이하 전단기채, 코넥스 주식 등)에 투자해야 하는데, 이 조건을 충족하면 펀드에서 발생하는 배당소득을 15.4% 원천징수로 과세 종결하는 혜택이 있다. 즉, 최고 46.2%에 이르는 종합과세에서 제외되는 분리과세 적용을 받는 것이다. 금융소득 종합과세에서 제외되기 때문에 절세를 원하는 투자자들의 선호도가 높다.

국내 하이일드 채권형 펀드의 인기 요인은 하나가 더 있다. 하이일드 채권형 펀드 자금에는 공모주 청약 시 공모 물량의 10%를 우선 배정해주는 혜택인데, 이 공모주 청약에서의 수익률이 각 펀드 수익률의 성패를 좌우할 정도로 중요하다. 하지만 안타깝게도 이러한 혜택들은 2017년 12월로 종료되었기 때문에 더 이상 특혜들을 기대할 수 없다. 또한 한국 하이일드 채권시장이 규모가 크지 않은 편이라서 투자 대상을 다양화하기가 쉽지 않다는 한계도 존재한다.

해외 하이일드
채권형 펀드

국내 하이일드 채권형 펀드보다 훨씬 큰 자금이 쏠리고 있는 곳이 글로벌 하이일드 채권형 펀드다. 국제신용평가사인 무디스(Moody's) 기준으로는 Ba1 이하, 스탠더드앤푸어스(S&P) 기준으로는 BB+ 이하인 채권들에 투자한다. 당연히 우량 등급의 채권들에 비해 상대적으로 이자율이 높다. 하이일드 채권형 펀드는 비우량 회사채를 주로 편입하고 있기 때문에 각 회사에 부도 등의 상황이 발생할 경우 채권수익률이 심각하게 하락할 수도 있다. 이러한 리스크를 제거하기 위한 최고의 방법은 철저한 분산투자다. 국내 하이일드 채권시장은 그리 크지 않기 때문에 한 펀드에 다양한 회사의 채권을 편입하기가 어렵지만, 글로벌 시장은 그 규모가 훨씬 크다. 국내 하이일드 채권형 펀드들이 보통 10개 이내의 회사채만을 편입하고 있는 데 반해, 글로벌 하이일드 채권형 펀드의 경우

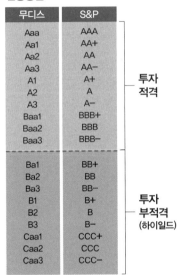

신용등급

무디스	S&P	
Aaa	AAA	
Aa1	AA+	
Aa2	AA	
Aa3	AA−	
A1	A+	**투자 적격**
A2	A	
A3	A−	
Baa1	BBB+	
Baa2	BBB	
Baa3	BBB−	
Ba1	BB+	
Ba2	BB	
Ba3	BB−	
B1	B+	**투자 부적격**
B2	B	(하이일드)
B3	B−	
Caa1	CCC+	
Caa2	CCC	
Caa3	CCC−	

는 펀드 규모도 클 뿐만 아니라 각국의 회사채에 분산투자되어 있어 리스크를 줄일 수 있다. 대형 글로벌 하이일드 채권형 펀드의 경우에는 약 1,000개 이상의 회사채에 분산투자하고 있을 정도다.

글로벌 하이일드

채권형 펀드의 매력

우리가 가장 많이 접하는 국채 등 신용도에 문제가 없는 우량 채권들은 기준금리가 올라가면 채권 가격이 하락하지만, 하이일드 채권은 기준금리 등락의 영향을 상대적으로 적게 받는다. 대신 경기 흐름에 따른 기업 부도율에 더 큰 영향을 받는다. 경기가 호전되면 기준금리가 올라가 채권 가격이 하락하는 부정적인 영향보다는, 기업 부도율이 낮아져서 수익률이 좋아지는 긍정적인 영향이 더 크다는 뜻이다. 이러한 특성 때문에 일반적인 채권형 펀드와는 차별화된 수익률을 추구할 수 있어 인기를 끌고 있다.

글로벌 하이일드 채권형 펀드에서 상당 부분을 투자하게 되는 미국 하이일드 채권의 예를 들어 보면, 미국은 2015년 12월 이후 세 번에 걸쳐 기준금리를 인상(부정적 영향)했지만, 투기등급 기업들의 부도율이 감소(긍정적 영향)해 하이일드 채권의 수익률이 상승했다. 실제 2016년 초 7%대로 치솟았던 미국 투기등급 기업들의 부도율은 2017년에는 절반 수준인 3.8%로 하락해 하이일드 채권형 펀드의 수익률을 상승시켰다.

특히 글로벌 하이일드 채권형 펀드는 월 지급식으로 판매되는 비중이 상당히 높아 은퇴생활자 등 현금 흐름이 필요한 고객들에게도 인기가 많다. 즉시연금이나 월 이자지급식 예금과 같이 매달 꼬박꼬박 현금이 지급되는 구조로 선택할 수 있기 때문이다. 또한 일부 생명보험사에서는 변액보험의 펀드로 글로벌 하이일드 채권형 펀드 편입이 가능해 변액보험을 통한 투자도 인기를 끌고 있다.

세계는 넓고 투자할 곳은 많다, 글로벌 자산배분 펀드

이 지구상에는 수백만 가지의 투자 대상이 있다. 그런데 이 수없이 다양한 투자 대상들을 딱 5가지로 분류할 수 있다. 채권, 주식, 부동산, 원자재, 환(換)이다. 결국 모든 투자 금융상품은 이 5가지 범주를 기본으로 투자 방법이나 투자 기간 등을 다양화하여 만드는 것이다.

전통적 투자:
채권, 주식

이 중에서 채권과 주식을 전통적 투자 방식이라고 부른다. 5가지 투자

자산 중 채권과 주식은 오래전부터 분산투자의 대상이 되어 왔으며 지금도 가장 중요한 투자 대상으로 자리매김하고 있다. 그 이유는 이 두 자산의 상관계수가 가장 낮기 때문이다. 상관계수는 서로 어떤 방향으로 움직이느냐를 수치화한 것이라고 해석할 수 있는데, 상관계수가 +1이면 두 자산이 완전히 똑같이 움직이는 것이고, 상관계수가 –1이면 완전히 서로 다른 방향으로 움직인다는 뜻이다. 현실적으로 두 자산의 상관계수가 완전히 +1이나 –1이 되기는 어렵기 때문에 보통은 그 사이의 관계를 유지하기 마련이다. 주식과 채권의 상관계수는 –1은 아니더라도 (−)의 상관계수를 나타내고 있기 때문에 분산투자로서 가장 확실한 쌍이 될 수 있다는 것이다. 그래서 모든 포트폴리오의 기본 투자 대상으로 채권과 주식이 차지하고 있는 것이다.

대체투자:
부동산, 원자재, 환

위에서 살펴본 전통적 투자 방식 이외의 모든 투자 방식을 대체투자라고 부른다. 즉 부동산 투자, 원자재(에너지, 농산물, 금속 등) 투자, 환(원/달러 환율 등) 투자 등을 말한다. 그럼 왜 전통적 투자로 만족하지 못하고 대체투자가 발전하는 것일까? 한마디로 표현하면 변동성을 낮추는 분산투자 효과를 위해서라고 할 수 있다. 단순히 채권과 주식으로 나눈 포트폴리오보다는 여기에 부동산 투자, 원자재 투자, 환 투자 등을 추가하면 그 투자 포트폴리오의 변동성을 더 낮출 수 있기 때문이다. 프랑스의 컨설팅 회사인 캡제미니의 조사 결과에 따르면, 글로벌 자산가들은 이미 부동산 자산을 포함한 대체투자 자산에 투자 포트폴리오의 약 28%를 투자하고 있다. 물론 이 자산가들이 대체투자를 하려는 이유는 투자 포트폴리오의 다양성을 통해 변동성을 줄이기 위해서다.

대체투자를 하는 가장 큰 이유는 채권과 주식 자산의 한계를 극복하기 위함이다. 채권의 가장 큰 한계는 점점 하락하는 수익률 구조다. 이미 국채 수익률이나 기준금리가 사실상 마이너스 금리로 진입한 국가들도 많고, 물가상승률과 세금 등을 감안하면 자산 증식에 큰 도움을 주지 못하고 있다. 물론 신흥국 채권이나 하이일드 채권과 같은 대안도 있지만 그만큼 위험성도 커지기 때문에 한계가 있다. 문제는 이 같은 채권투자 수익률의 하락세가 단기간에 끝날 것 같지 않다는 데 모두가 공감하고 있으며, 뚜렷한 반등 기미가 보이지 않고 있다는 것이다. 다시 말해 채권투자의 미래가 그리 밝지만은 않다는 뜻이다. '초저금리'라고 표현되는 이 현상은 거스를 수 없는 하나의 큰 트렌드로 자리 잡을 것이고 투자 포트폴리오에서 채권이 차지하는 비중은 지속적으로 축소될 수밖에 없다.

주식 자산의 경우에는 변동성이 가장 큰 딜레마다. 글로벌 시대에서는 이제 어느 한 나라의 사건이 그 나라의 주식시장에만 영향을 끼치는 것이 아니고 전 세계의 주식시장에 연쇄반응을 일으키는 일이 다반사다. 주식 투자자 입장에서는 고려해야 하는 리스크가 점점 늘어나고 있고 그 리스크를 줄일 수 있는 방법은 점점 줄어들고 있다. 또 언제 닥쳐올지 모르는 2008년 금융 위기와 같은 글로벌 경제 위기가 두렵기도 하다. 물론 한 나라의 주식에만 투자하지 않고 전 세계에 골고루 투자하는 글로벌 주식 투자를 한다든지, 주식에만 투자하지 않고 주식과 채권으로 나누어 투자하는 분산 포트폴리오로 운영하는 등의 방법으로 이러한 리스크들을 최대한 줄이기 위해 노력하고 있지만, 이 두 자산만의 분산투자로는 한계를 느끼고 있다는 것이 대체투자를 확대하려는 가장 큰 이유다.

대상과 지역의 분산투자,
글로벌 자산배분 펀드

글로벌 자산배분 투자는 투자 대상의 분산투자라는 개념과 투자 지역의 분산투자라는 두 가지 특징을 포함하고 있다. 투자 대상의 분산투자는 위에서 살펴본 전통적 투자 방식인 채권·주식 투자에다 대체투자 방식인 부동산 투자, 원자재 투자, 환 투자를 추가하여 포트폴리오를 구성한다는 의미다. 당연히 변동성이 줄어드는 분산투자 효과를 볼 수 있을 것이다.

투자 지역의 분산은 특히 우리나라 투자자에게는 중요한 개념이다. 우리는 아직도 채권 투자 하면 우선 우리나라의 국·공채와 회사채를 떠올리며, 주식 투자 하면 우리나라 코스피·코스닥 주식에 대한 투자라고 생각할 것이다. 그런데 사실 우리나라의 금융시장은 채권시장이나 주식시장 모두 글로벌 점유율 2%에도 미치지 못하고 있기 때문에 매우 편중된 투자가 될 수 있다. 정리하자면 글로벌 자산배분 투자는 주식·채권에서 주식·채권·부동산·원자재·환 투자로의 확대, 국내 투자에서 글로벌 투자로의 확대 두 가지 콘셉트로 요약할 수 있다.

그런데 문제는 주식이나 채권에 비해 대체투자는 훨씬 더 복잡하고 어려울뿐더러 큰 자금이 필요하다는 것이다. 개인이 직접 글로벌 자산배분을 하기에는 여러 가지로 한계가 있다. 부동산 하나에 투자하는 데도 어마어마하게 큰 자금이 필요한데 여러 부동산 자산에 투자하는 것은 개인 차원에서는 거의 불가능한 일이다. 또한 원자재 투자는 현물로 투자하는 것이 아니라 대부분 선물로 투자해야 하는데 그 거래도 런던, 시카고, 뉴욕 상품거래소 등 외국 거래소에서 이루어지는 것이 보통이다. 환 투자도 마찬가지로 상당한 전문지식이 필요할 뿐만 아니라 우리나라에는 원/달러 환시장만 존재하기 때문에 개인이 대체투자를 직접한다는 것은 거의 불가능하다. 또한 경제의 변화에 따라 포트폴리오를 주기적으로 평가하고 미래 전망에 따라 리밸런싱하는 일도 개인이 직접 하기에는 부담스러울 것이다.

당연히 전문가들에게 일정한 보수를 지급하고 간접투자 방식인 글로벌 자산배분 펀드에 투자하는 것이 효율적이다. 아직 대부분의 글로벌 자산배분 펀드는 국내 자산운용사가 운용하는 것보다는 글로벌 자산운용사가 운용하는 펀드의 숫자가 압도적으로 많다. 장기적으로 변동성을 줄이고 꾸준하고 안정적인 수익을 달성하는 가장 중요한 방법은 투자 대상의 다양화와 투자 지역의 글로벌화임을 잊지 않는다면 마음 편한 투자를 즐길 수 있을 것이다.

3

고수익의 매력,
눈여겨볼 추천 투자 상품

상품만 제대로 선택하면
가장 안전한 투자 방법, ELS

ELS는 주가연계증권(Equity Linked Securities)의 약자로, 주가지수나 개별 종목의 주가 같은 기초자산 가격에 연계되어 투자수익이 결정되는 상품이다. 2003년 증권거래법 시행령에 따라 금융 상품화되었으며, 장외파생금융상품업 겸영 인가를 받은 증권회사만 발행할 수 있다.

주식은 주가가 오를 때 이익을 보고, 떨어지면 손해를 본다. 그러나 ELS는 주가가 하락해도 이익을 낼 수 있다. 처음 설정한 하락 범위(보통 최초 기준가격의 50% 내외) 이하로만 떨어지지 않으면 사전에 약속된 수익을 받을 수 있기 때문이다.

물론 하락률 밑으로 내려가면 원금을 손해 볼 수 있으며, 주가가 떨어질수록 피해가 커진다. ELS 대부분이 원금 비보장형인 경우가 많고, 만기는 짧게는 6개월, 길게는 3년이기 때문에 내가 원할 때 현금화할 수 없다는 것도 단점이다.

그러나 단점을 상쇄하는 장점(주가가 크게 오르지 않더라도, 심지어 증권사가 고지한 하락률 밑으로만 내려가지 않으면 수익을 낸다는 매력적인 조건) 덕분에 매년 수십조 원의 자금을 모으는 인기 금융상품으로 성장했다. 종류가 워낙 다양하고 일반 금융상품에 비해 손익구조가 꽤 복잡해서 상품 선택이 매우 중요하다.

종목형 ELS vs 지수형 ELS

ELS는 개별 주식의 주가 또는 주가지수를 기초자산으로 한다. 개별 주식 주가를 기초자산으로 설정하는 종목형 ELS는 삼성전자·현대차 등과 같은 대형 우량주를 중심으로 설정하지만, 주가지수보다 변동성이 크고, 변동성이 큰 만큼 수익률도 높은 편이다.

주가지수를 기초자산으로 하는 지수형 ELS는 주로 한국의 KOSPI200지수, 홍콩의 HSCEI지수, 미국의 S&P500지수, 유럽의 EuroStoxx50지수 등을 기초자산으로 설정하며, 글로벌 주식시장 변동 상황에 따라 수익률이 결정된다.

ELS의 유형과
손익구조

ELS는 손익구조 결정방식에 따라서 크게 6가지 정도로 나눌 수 있다. 스텝다운형, 녹아웃형, 양방향 녹아웃형, 불스프레드형, 디지털형, 리버스컨버터블형 등이며, 이 중에서 스텝다운형 ELS가 가장 보편적인 구조다.

스텝다운형 ELS는 특정 주가를 정해진 주기마다 수익률을 각각 정해놓고, 중간 평가일에 정해진 하락률보다 하락하지 않으면 약속한 수익을 지급하는 상품이다. 기준 미달인 경우 다음 주기를 기다리고, 기준을 만족한 경우 조기 상환이 확정된다.

ELS의 유형

유형	특징
스텝다운형	특정 주가를 주기마다 중간 평가하고, 정해진 하락률보다 하락하지 않으면 약속한 수익을 지급하고 조기 상환하는 형태
녹아웃형	투자 기간 중 미리 정해놓은 주가 수준에 한 번이라도 도달하게 되면 확정 수익을 주는 형태
양방향 녹아웃형	가입 시 정해놓은 주가에 도달한다면 확정 수익을 지급하는 형태
불스프레드형	만기 시점의 주가 상승률에 비례해 수익을 지급하는 형태
디지털형	가입 시 정해놓은 주가를 초과할 때 일정 수익을 지급하는 형태
리버스컨버터블형	가입 시 정해놓은 주가 하락 폭 이하로 주가가 하락하지 않는다면 약속된 수익을 지급하는 형태

녹아웃형 ELS는 투자 기간 중 미리 정해놓은 주가 수준에 한 번이라도 도달하게 되면 확정 수익을 주는 상품이다. 기준에 못 미치면 가격변화율에 따라 수익률을 결정한다. 양방향 녹아웃형 ELS는 가입 시 정해놓은 주가에 도달한다면 확정 수익을 지급하는 상품이다. 녹아웃형 ELS는 상승이나 하락 중 선택해서 기준을 정하는 반면, 양방향 녹아웃형 ELS는 상승과 하락 두 가지 경우의 기준을 정할 수 있다.

불스프레드형 ELS는 만기 시점의 주가 상승률에 비례해 수익을 지급하며, 한도는 가입 시점에 결정하는 상품이다. 디지털형 ELS는 가입 시 정해놓은 주가를 초과할 때 일정 수익을 지급하는 상품이다. 기준에 못 미치면 수익률이 없거나 아주 적다. 리버스컨버터블형 ELS는 가입 시 정해놓은 주가 하락 폭 이하로 주가가 하락하지 않는다면 약속한 수익을 지급하는 상품이다.

최근에는 6가지 대표 유형들 외에 각 발행사에서 안전성을 강화한 ELS 상품들을 출시하고 있다. 예를 들면, 가입 후 1년 안에 기초자산인 주가지수가 50~55% 밑으로 하락하지만 않으면, 수익의 절반 정도만 받은 뒤 조기 상환하는 '리자드형 ELS', 가입 후 6개월 내에 주가지수가 80% 밑으로 하락하지만 않으면 원금 보장형으로 전환되는 '안심전환형 ELS', 주가지수들의 하락률을 평균하여 계산하기 때문에 폭락한 주가지수가 있더라도 다른 주가지수가 상승하면 수익률을 그대로 확보할 수 있는 '애버리지형 ELS' 등이다.

투자성향에 따른
ELS 선택 기준

ELS를 선택할 때 가장 중요한 기준은 당연히 나의 투자성향이다. 고위험·고수익의 ELS부터 원금 보장이 가능한 ELB까지 선택의 폭이 넓고 다양하기 때문에, 투자위험을 얼마나 감수할 수 있느냐에 따라 그 범위를 좁혀야 한다. ELS 상품 가입 시 투자위험을 줄일 수 있는 방법은 무엇일까? ① ELS 기초자산의 변동성이 더 낮을수록 ② ELS 기초자산끼리의 상관계수가 더 높을수록 ③ 녹인 수준이 더 낮을수록 ④ 조기 상환 조건이 더 낮을수록 ELS의 투자위험은 줄어든다.

ELB(Equity Linked Bond, 주가연계 파생결합사채)는 ELS에서 투자위험을 아예 제거한 상품으로, 원금이 보장되는 대신 수익률은 일반적인 ELS보다 낮을 수밖에 없다. ELB는 예금보험공사의 예금자보호법에 의해 보장되는 것이 아니라 ELB를 발행한 발행회사가 원금을 보장하는 구

투자성향별 추천 ELS

투자성향	추천 ELS
공격적 투자성향	종목형 ELS
적극적 투자성향	주가지수형 ELS
중도 투자성향	저녹인 주가지수형 ELS
안정 추구 투자성향	원금 일부 보장형 ELS
보수적 투자성향	원금 보장형 ELB

조이기 때문에, ELB 발행회사의 신용도가 중요하다. 즉 ELB 발행사인 증권회사의 신용평가등급을 비교해보면 같은 ELB라도 더 안전한 상품을 선택할 수 있다.

증권회사에서는 주로 ELS를 판매하는데, 증권 자체로 판매하기 때문에 수수료가 저렴한 편이지만 수익성 위주의 상품이 상대적으로 많은 편이다. 은행에서는 ELD(Equity Linked Deposit), ELT(Equity Linked Trust), ELF(Equity Linked Fund) 등의 상품들을 판매하고 있다. ELD는 주가연계예금이기 때문에 원금이 보장되는 반면 수익성은 약할 수밖에 없다. ELT, ELF는 ELS와 유사하지만 수수료가 상대적으로 높은 편이다. 보험회사의 경우에는 ELS를 변액연금펀드 내에 설정하여 운용하기도 한다.

ELS의
세금과 증여

매년 결산일에 과세하여 매년 배당소득이 분산되는 일반 펀드와 달리 ELS는 조기 상환 또는 만기 상환으로 실제 수익이 발생할 때 한꺼번에 배당소득세를 과세하는 특징을 가지고 있다. 예를 들면 6개월 만에 조기 상환되면 6개월 기간에 해당되는 수익 금액이 지급되며 그에 따른 배당소득세가 발생하지만, 5년 만에 만기 상환된다면 5년치 수익 금액이 한꺼번에 지급됨과 동시에 5년치 수익 금액에 대한 배당소득세가 한꺼번에 과세된다.

그래서 최근에는 수익률은 조금 낮더라도 매월 수익금을 지급하는 '월 지급식 ELS'에 가입하여 세금을 분산하는 투자자들이 늘어나고 있다. 월 지급식 ELS는 녹인(Knok-in, 원금 손실 시점)되어 만기 시점에서 손실을 보더라도 이미 지급한 월 지급금은 반환하지 않아도 되기 때문에 위험관리 면에서도 유리한 점이 있다. 또한 매월 생활비나 연금과 같은 현금 흐름을 발생시키고자 하는 은퇴자·노후생활자 등에게 특히 인기가 많다.

상속증여세법상 ELS는 증여할 때 가입 원금으로 평가하는 것이 아니라 '증여 당일의 기준가격'으로 평가한다. 이를 활용하면 ELS를 꽤 낮은 세법상 평가액으로 자녀에게 증여하면서 절세효과를 누릴 수 있다. 일반적으로 ELS는 가입 초기에는 가입 원금보다 낮은 기준가격으로 평가되기 마련이고, 녹인이 된 ELS 같은 경우는 원금 대비 60% 정도로 기준가격이 하락하기도 한다. 어차피 녹인된 ELS를 중도 해지하지 않을 것이라면 자녀나 배우자에게 증여하는 것도 좋은 방법이다.

주가 아닌 실물에 투자한다, ELS 사촌 동생 DLS

ELS의 사촌 동생으로 불리는 DLS에 대해 알아보자. DLS는 파생결합증권(Derivative Linked Securities)의 약자로, 주가나 주가지수에 연계되어 수익률이 결정되는 ELS와 달리 이자율·통화·환율·실물자산 등을 기초자산으로 하는 금융상품이다.

무궁무진한 DLS의 매력

합리적으로 가격이 매겨질 수 있다면 무엇이든 DLS의 기초자산이 될 수 있기 때문에 ELS에 비해 상품 개발 범위가 무궁무진하다. DLS의 기초자산으로 설정되는 대표적인 자산으로는 금리, 환율, 원자재(원유·농축산물·귀금속 등), 신용위험(특정 회사의 파산 또는 채무 재조정) 등이 있다. 다양한 기초자산으로 상품 설계가 가능하며 투자와 헤지 목적으로 투자하는 경우도 많다. 일반 펀드처럼 펀드매니저의 운용 능력에 따라 수익률이 결정되지 않고, 사전에 정해진 구조에 의해 DLS의 수익률이 결정되는 특징을 가지고 있다.

발행회사에서 원금을 보장하는 구조의 ELS를 ELB라고 하듯이, 발행회사에서 원금을 보장하는 구조의 DLS를 DLB(Derivative Linked Bond, 기타 파생결합사채)라고 한다. 만약 ELS의 기초자산인 주가지수 1개와 DLS의 기초자산인 원자재 가격 1개 등 2개를 기초자산으로 설정한 금융상품이 있다면, ELS로 분류하지 않고 DLS로 분류한다.

금·은 DLS

금은 대표적인 안전자산으로, 기본적으로 금괴(gold bar) 형태로 거래되며 금화·귀금속 및 세공품 등의 형태로도 활발하게 거래가 이뤄진다. DLS의 기초자산으로 많이 설정되기도 하는데, 이때 금 현물 가격이 아니라 금 선물(futures) 가격을 기준으로 한다. 금을 거래하는 단위는 온스(1oz=28.349523g)가 아닌 트로이온스(1t.oz=31.1034768g)인데, 예로부터 귀금속이나 보석류의 무게를 측정할 때 온스 대신 트로이온스를 사용했다고 한다.

금 선물시장의 대표적인 곳은 영국 런던귀금속시장협회(LBMA)와 뉴욕상업거래소(NYMEX) 산하 상품거래소(COMEX)다. 이 거래소에서 금 선물 가격이 결정되며, 전 세계 금 가격의 기준이 된다. 정확히는 '최근 월물 금 선물 가격'이라고 해야 한다. 금 선물은 거의 매월 결제가 이루어지기 때문에 복수의 금 선물 가격이 존재한다. 그중에서 가장 가까운 달의 금 선물 가격을 DLS의 기초자산으로 설정하는 것이다. DLS의 기초자산은 대부분 LBMA에서 오후에 발표하는 '런던 금 오후 고시가격'인 금 1트로이온스당 달러의 가격으로 설정된다.

은 가격은 금 가격에 비해 변동성이 훨씬 큰 편이다. 은 가격은 지난 2010년 4월 29일 1트로이온스당 48.58달러까지 상승했으나, 현재 10달러대에 수년간 머무르고 있다. DLS의 기초자산으로서의 은 가격 또한 LBMA에서 정오에 발표하는 '런던 은 고시가격'인 1트로이온스당 달러의 가격으로 설정되는 경우가 대부분이다. 은의 가격 변동성이 크다 보니, 은이 기초자산으로 설정되면 금의 경우보다 수익률이 높아지기 마련이다.

원유 DLS

지구상의 수백 가지 원유 중에서 가장 대표적인 3대 원유가 미국의 WTI 원유, 영국의 브렌트 원유, 중동의 두바이 원유다. 특히 DLS에 기초자산으로 쓰이는 원유는 WTI 원유와 브렌트 원유 두 가지인 경우가 대부분이다.

WTI는 미국 서부 텍사스산 중질유(West Texas Intermediate)의 약자로, 오래전부터 국제 원유 가격을 결정하는 기준 원유로서의 역할을 하고 있다. 주로 텍사스와 오클라호마주 일대에서 생산되는 대표적인 경질유(API도 39.6, 경질유임에도 명칭은 '중질유'로 통용된다)이자 저유황유이며, 미국 국내와 아메리카 지역의 기준 유종이다. WTI는 미국 내에서 주로 현물 거래와 선물 거래로 이루어질 뿐, 국제시장으로는 반출되지 않는다. 그럼에도 불구하고 세계 3대 유종 가운데서도 국제 유가를 결정하는 가격지표로 활용되고 있다는 점이 특이하다. 이는 세계 최대 선물거래소인 NYMEX에 상장된 중심 유종이기 때문인 것으로 보인다.

통상 생산비가 높고 품질이 좋아 국제 원유시장에서 상대적으로 높은 가격을 형성한다. 가격이 가장 비싼 이유는 황 함량이 낮고 원유 비중을 나타내는 API도가 높아 탈황 처리를 할 때 비용이 덜 들기 때문이다. 또 원유를 정제할 때 가격이 비싼 휘발유와 나프타 등 고급 유류가 많이 생산된다고 한다. 금·은도 현물 가격이 아닌 선물 가격이, 정확히는 최근월물 선물 가격이 DLS의 기초자산으로 활용되듯이 WTI도 현물 거래 가격이 아니라 'WTI 최근월물 선물 가격'이 DLS의 기초자산으로 설정된다.

브렌트 원유는 WTI보다 원유의 품질을 결정하는 API도가 낮고 유황 성분이 많다. 그러나 두바이유보다는 품질이 뛰어나 유가는 비싼 편이다. 런던의 국제석유거래소(IPE)에서 주로 선물로 거래된다. 브렌트 원유 가격은 보통 WTI 원유보다 2시간 정도 늦게 결정되지만 한국의 경우 원유 수입의 대부분을 사우디아라비아 · 아랍에미리트 등 중동산 두바이유에 의존하기 때문에 브렌트 유가가 한국경제에 미치는 영향은 상대적으로 크지 않다.

DLS의
세금과 증여

DLS의 세금은 ELS와 같다고 보면 된다. ELS와 마찬가지로 조기 상환 또는 만기 상환으로 실제 수익이 발생할 때 한꺼번에 배당소득세를 과세한다. 매월 수익금을 지급하는 '월 지급식 DLS'에 가입하여 세금을 분산시킬 수 있다. 당연히 월 지급식 DLS는 만기 시점에서 손실을 보더라도 이미 지급한 월 지급금은 반환하지 않아도 된다.

상속증여세법상 DLS도 ELS와 마찬가지로 증여할 때에 가입 원금으로 평가하는 것이 아니라 '증여 당일의 기준가격'으로 평가한다. 가입 초기에 가입 원금보다 낮은 기준가격으로 평가된 DLS를 자녀나 배우자에게 증여하는 것도 좋은 방법이다.

주식의 장점과 펀드의 장점만 모은, 팔방미인 ETF

ETF는 상장지수 펀드(Exchanged Traded Fund)의 약자로, 반드시 특정 지수의 성과를 추종하도록 설계된 일종의 인덱스 펀드다. ETF는 총 자산 규모가 40조 원을 넘고, 하루 거래량도 1조 원 이상을 기록하고 있을 정도로 큰 인기를 끌고 있다.

주식의 장점과
펀드의 장점을 합친 ETF

ETF의 여러 가지 장점 중에서 가장 큰 장점은 바로 주식시장에서 자유롭게 사고팔 수 있다는 점이다. 보통 펀드의 경우 아침에 주문을 내나 오후(3시 30분 이전)에 주문을 내나 동일한 기준가격으로 매수·환매가 이루어진다. 다시 말해, 1일 1가격이 적용된다. 하지만 ETF는 주식처럼 순간순간 가격이 변화하며 그 가격에 맞춰서 주문을 낼 수 있기 때문에 하루에도 몇 번씩 자유롭게 사고팔 수 있다.

또한 일반 펀드는 환매 신청을 한 이후 계좌에 입금이 될 때까지 최대 일주일 이상이 소요되기도 한다. 하지만 ETF의 경우에는 익익영업일에 바로 현금화할 수 있기 때문에 유동성 면에서도 매우 훌륭한 선택이다. 게다가 대부분의 펀드에서 적용하고 있는 환매 제한기간이 설정되어 있지 않다. 일반적인 펀드는 보통 90일 동안은 환매 제한기간으로 설정해 놓고 가입 후 이 기간 안에 환매할 경우 수익 금액의 대부분을 환매수수료로 차감하는 등 일종의 페널티를 부과한다. 하지만 ETF는 환매 제한기간이 없기 때문에 오늘 샀다가 오늘 팔아도 아무런 제약이 없다.

두 번째는 운용보수가 저렴하다는 점이다. 펀드를 운용하는 자산운용사에서는 펀드 자산을 운용하는 대가로 운용보수를 매일매일 차감한다. 일반적인 펀드의 경우 약 연 1.0% 내외의 운용보수를 차감하는 반면에 ETF는 절반 이하의 운용보수가 적용되는 경우가 많다. 한 ETF의 경우 연 0.012%의 운용보수율을 설정해 출시되었다. 운용보수율이 낮은 만큼 투자자의 수익률은 올라갈 수밖에 없다. 또한 일반 펀드 중 A클래스 펀드는 선취판매수수료를 차감하여 최초 가입 시점에서 보통 1.0% 정도의 수수료를 부과하는 경우가 많지만 ETF는 판매수수료가 없기 때문에 수익률을 제고할 수 있다.

세 번째는 증권거래세가 없다는 점이다. 주식시장에서 주식을 팔 때에는 0.25%의 증권거래세를 내야 한다. ETF도 주식시장에서 거래되기 때문에 당연히 ETF 매도 시 0.25%의 증권거래세를 부담해야 하는데, 이 증권거래세가 면제되고 있는 것이다. 주식의 자유로운 거래라는 장점은 품되 0.25%의 증권거래세 부담은 떨쳐버린 셈이다. 최근에는 온라인을 통해 주식 매매가 가능한 HTS나 MTS 등을 활용해 거래하는 경우 증권회사에 내야 하는 거래수수료가 매우 저렴하기 때문에 ETF 매매 시 다른 어떤 금융상품들보다 저렴하게 거래할 수 있다.

네 번째는 소액 투자로 분산투자가 가능하다는 점이다. ETF 1주는 보통 몇천 원에서 몇만 원 수준에서 거래가 된다. 예를 들어 대표적 ETF인 KODEX200, TIGER200은 KOSPI200지수를 추종하는데, 1주당 가격이 3만 원을 넘지 않는다. 개별 종목 주식 1주도 사기 어려운 소액으로도 200개의 주식에 골고루 분산투자할 수 있다. ETF는 최소한 10개 이상의 주식에 분산투자하도록 되어 있기 때문에 소액으로 최소 10개에서 수백 개에 이르는 주식에 분산투자할 수 있는 최고의 방법이다.

다섯 번째는 운용과정이 투명하다는 점이다. 일반 펀드에 가입한 투자자는 내가 가입하고 있는 펀드에 어떤 주식과 채권들이 편입되어 있

ETF와 일반 펀드 비교

구분	ETF	일반 펀드
투자의 타이밍	장중 시장 가격을 참고하면서 투자자가 원하는 시장 가격에 매매할 수 있음	당일이 아닌 미래 날짜의 펀드의 순산가치(NAV)에 따라서 매수·환매
대주매도	주식과 같이 대주에 의한 매도가 가능	대주에 의한 매도 불가능
운용보수	일반 펀드에 비해 운용보수율이 낮음 (0.5% 수준)	보통 1.0% 내외의 운용보수율 수준
거래비용	ETF는 현물로 설정·해지하기 때문에 펀드 내에서 설정·해지에 따른 매매 수수료 부담이 없음	설정·해지에 따른 거래 비용을 펀드의 투자자가 부담
시장 충격비용	시장에서 형성되는 ETF의 매수·매도 호가 간의 시장 충격비용이 있음	의사결정과 실행 간의 불일치로 인한 기회비용의 손실이 있음

는지 궁금하더라도 직접 확인할 수 있는 펀드의 자산 구성 내역은 이미 몇 달 전의 현황일 수밖에 없다. 마치 지구에서 바라보는 별빛이 이미 오래전 별에서 나온 빛인 것과 같은 격이다. 그런데 ETF는 구성 종목, 각 종목의 보유 비중, 보유 수량, 가격 등을 실시간으로 공개한다.

ETF 투자 시
유의점

ETF에 투자할 때에는 몇 가지 유의할 점이 있다. 첫째, ETF의 추종지수가 무엇인지 반드시 확인해야 한다. ETF는 반드시 추종하는 지수가 설정되어야 하고 그 추종지수가 나의 투자 목적과 적합한지 검토해야 한다. 예를 들어 개인투자자들이 선호하는 레버리지 ETF의 경우 투자기간 수익률의 2배를 추종하는 것이 아니고, 일간 수익률의 2배를 추종하기 때문에 장기간 투자할 경우 오히려 손실을 볼 수도 있다.

둘째, 일부 ETF는 충분치 못한 거래량으로 인해 불편함을 겪을 수 있다. 아무리 좋은 ETF가 있다 하더라도 원하는 가격에 매수할 수 없다면 그림의 떡이 될 것이다. 또는 적정 가격에 매도하고 싶은데 매수할 상대방이 없다면 내 ETF는 팔리지 않을 것이다. 그렇기 때문에 꾸준히 충분한 거래량을 유지하고 있는 ETF를 거래하는 것이 바람직하다.

셋째, ETF를 매도할 때 국가에 내야 하는 세금인 증권거래세 0.25%는 면제되고 있지만, ETF 매수 및 매도 시점에 증권회사에 내야 하는 거래수수료는 반드시 감안해야 한다. 보통 증권사 영업점에서 직접 주문을 내거나 전화로 주문을 할 경우 0.5% 내외의 거래수수료를 내야 한다. 매수·매도를 하고 나면 약 1.0%의 거래수수료가 발생하는 셈이다. 그러나 HTS나 MTS를 활용할 경우 이 거래수수료를 대폭 절약할 수 있다는 점을 간과해서는 안 된다.

넷째, 직접 ETF에 투자하기가 불편하다면 ETF에 투자하는 EMP 펀드도 고려해볼 만하다. EMP 펀드는 ETF 자문 포트폴리오(ETF Managed Portfolio) 펀드를 뜻한다. 말 그대로 주식이나 채권 대신 유망한 ETF들을 편입하는 펀드다. 원래 연금이나 기금들이 선호하던 초분산투자 방식인데, 최근에는 개인투자자들에게도 큰 인기를 모으고 있다. 특히 국내 주식에서 벗어나 글로벌 주식, 글로벌 채권, 원자재 등에 투자하고 싶지만 정보와 시간이 부족한 경우 EMP 펀드에 투자하는 것을 추천한다.

ETF의 장점

▶ 주식처럼 자유롭게 매매할 수 있다.
▶ 자산운용사 운용보수율이 저렴하다.
▶ 0.25% 증권거래세가 면제된다.
▶ 소액으로도 분산투자가 가능하다.
▶ 실시간으로 자산 구성 내역을 확인할 수 있다.

ETF 투자 시 유의점

▶ ETF의 추종지수를 꼼꼼히 확인한다.
▶ ETF의 거래량이 충분한지 확인한다.
▶ 증권회사 거래수수료율을 확인한다.
▶ ETF에 투자하는 EMP 펀드를 고려한다.

주식이야, 부동산이야?
1만 원으로 빌딩 주인이 될 수 있는 리츠

'조물주 위에 건물주'라는 말이 나올 정도로 건물 소유를 꿈꾸는 사람들이 많다. 주식 투자가 직접투자에서 간접투자의 시대로 넘어가듯이 부동산 투자 역시 직접투자에서 간접투자의 시대로 변화하고 있다.

부동산에 간접투자하는
리츠

부동산의 종류 중에서도 특히 임대용 건물이 간접투자의 대상으로 가장 각광받고 있는데, 부동산 간접투자 방법 중 가장 대표적인 것이 리츠

(REITs)다.

리츠는 부동산투자회사법 제2조 제1호에 따라 다수의 투자자로부터 자금을 모아 부동산, 부동산 관련 증권 등에 투자·운영하고 그 수익을 투자자에게 돌려주는 '부동산투자회사'를 말한다. 1960년 미국에서 최초 도입된 것을 시작으로 2000년 이후 유럽 및 아시아로 급속히 확산되었으며, 우리나라는 1997년 외환위기 이후 기업들의 보유 부동산 유동화를 통한 기업 구조조정을 촉진하기 위해 2001년 '부동산투자회사법'을 제정하며 처음 도입되었다. 우리나라 리츠의 수는 2016년 169개에서 2019년 219개로 늘어났으며, 자산 규모는 2016년 25조 원에서 2019년 6월 기준 44조 원으로 커졌다.

리츠 투자의
장점

첫째, 장기적이고 수익률이 높다. 리츠는 주주들에게 매년 배당 가능 이익의 90%(단, 자기관리 리츠는 50%)를 의무적으로 배당하고 있기 때문에 주주 입장에서는 가장 확실한 배당주 투자라고도 볼 수 있다.

둘째, 대체투자로서의 가치가 있다. 리츠는 주식시장의 등락에 큰 영향을 받지 않기 때문에 분산투자하여 위험을 분산하기에 매우 좋은 대체투자 자산이 될 수 있다.

리츠의 기본구조

▲출처: 국토교통부 리츠정보시스템

셋째, 유동성이 높다. KRX주식시장에 상장된 리츠는 일반 주식처럼 매수와 매도가 가능하기 때문에 언제든 원할 때 현금화할 수 있는 장점이 있다.

넷째, 투명하게 관리된다. 리츠는 국토교통부의 정기적인 관리와 감독을 받으며, 투자보고서 및 영업보고서를 리츠정보시스템에 등록하여 공개하기 때문에 투자자 입장에서는 투명하게 리츠의 속내를 파악할 수 있다.

다섯째, 전문적이다. 개인이 직접 부동산을 매입하여 운용하기보다는 부동산 전문가들이 부동산 물건을 꼼꼼히 분석하여 수익성, 안전성 등을 평가한 후에 운용하기 때문에 투자위험을 줄일 수 있다.

리츠에 투자하는 방법
4가지

첫째, 공모에 참여한다. 리츠가 최초에 투자자금을 모으기 위해 실행하는 공모 청약에 참여하여 공모 배정을 받아 투자하는 방법이다. 일반 주식 청약과 마찬가지로 증권회사를 통해 청약에 참여할 수 있는데, 인기가 많은 경우에는 경쟁률이 높아 원하는 만큼 배정 물량을 확보하지 못할 수도 있다.

주요 리츠 현황

종목명	시가총액	주가 (2019.11.12. 종가)	홈페이지	주요 투자 대상
케이탑리츠 (145270)	414억 원	918원	www.ktopreits.co.kr	에이제이빌딩
에이리츠 (140910)	251억 원	6,830원	www.areit.co.kr	LG전자 강서빌딩
모두투어리츠 (204210)	246억 원	3,140원	www.modetourreit.com	스타즈호텔
이리츠코크렙 (088260)	4,744억 원	7,490원	www.ereits.co.kr	뉴코아 3개점
신한알파리츠 (293940)	4,201억 원	8,820원	www.shalphareit.com	그래프톤타워 용산더프라임
롯데리츠 (330590)	1조 1,419억 원	6,640원	www.lottereit.co.kr	롯데마트, 롯데백화점 10개점

둘째, 이미 상장되어 있는 리츠를 주식시장에서 매수한다. 리츠는 주식시장에서 일반 주식처럼 자유롭게 사고팔 수 있기 때문에 내가 사고 싶은 리츠를 얼마든지 매수하여 부동산의 주인이 될 수 있다.

셋째, 해외 리츠에 직접 투자한다. 우리나라의 리츠시장도 44조 원 정도로 크게 성장했지만, 해외의 리츠시장은 약 1,800조 원 규모로 비교할 수 없을 정도로 발달되어 있다. 특히 미국, 캐나다, 싱가포르, 일본 등의 리츠시장이 발달되어 있다. 우리나라와 마찬가지로 리츠는 각국의 주식시장에 상장되어 있기 때문에 한국에서도 증권회사를 통해 얼마든지 매수 및 매도가 가능하다.

우선 가까운 일본의 리츠(J-REITs)를 살펴보자. 일본 리츠는 오피스, 물류창고, 리테일, 호텔 등 다양한 부동산을 자산군으로 편입한다. 최근 일본의 높은 상업용 부동산 인기 덕분에 일본 리츠도 높은 수익률을 유지하고 있다. 일본은 비교적 최근인 2000년에 리츠제도를 도입했지만, 우리나라와는 달리 리츠의 개인 투자비중이 절반(47%)에 가까울 정도로 개인투자자들에게 일반화되어 있다. 일본 증시에 상장된 리츠는 무려 60여 개에 이르며 시가총액이 111조 원을 넘을 정도다. 일본은 이미 제로금리에 가까운 초저금리 시대에 접어든 지 꽤 오래되어 리츠의 배당수익률이 4% 내외로 높지 않은 수준임에도 불구하고 큰 인기를 끌고 있다.

캐나다 리츠는 매월 배당금을 지급하기 때문에 마치 내 빌딩에서 월세를 받는 것과 같은 효과를 누릴 수 있어 인기가 많다. 캐나다는 40종목 가까운 리츠가 상장되어 있어 선택의 폭이 무척 넓은 것도 장점이다. 다만 환율의 영향을 받기 때문에 환차익도, 환차손도 거둘 수 있다는 점을 유념해야 한다.

넷째, 리츠 ETF나 리츠 펀드에 가입한다. 미래에셋자산운용의 TIGER 미국MSCI리츠(합성H)ETF(코드: 182480), 한국투자신탁운용의 KINDEX 다우존스미국리츠(합성H)ETF(코드: 181480) 등이 대표적인데, 두 ETF는 미국 리츠에 투자하는 효과를 거두면서 투자자금 대부분을 환헤지하고 있어 환위험을 상당 부분 제거할 수 있다는 것이 장점이다.

부동산 자산에 대한 투자가 직접투자에서 벗어나 간접투자로 발전하고 있고, 국내 부동산 투자에서 글로벌 부동산 투자로 확대되고 있다. 특히 국내 리츠가 몇몇 상업용 건물에 투자하는 것에 비해 해외 리츠는 수십 개에서 수백 개의 건물에 분산투자하기 때문에 위험관리 면에서 한층 선호되고 있다. 따라서 저금리 시대에 안정적인 대체투자 자산으로서 리츠의 인기는 계속 높아질 것이다.

역시 금이 최고지,
금 투자 A to Z

전통적으로 대표 투자자산인 금(金)과 미국 달러화 가치는 반대로 움직인다. 예컨대 달러 가치가 떨어지면 실물인 금값이 오르는 식이다.

달러화 가치와
반비례하는 금

기축통화인 미국 달러화는 다른 말로 '조달 통화' 혹은 '차입 통화'라고도 한다. 쉽게 말해, 글로벌 시장에서 거래할 때 주로 사용되는 지불 수단이라는 뜻이다. 때문에 전 세계가 미국의 금리 인상 여부에 촉각을 곤

두세운다. 현재 장기적인 그리고 글로벌한 금리 인하가 지속되면서 상대적으로 금값이 반등하고 있고, 미국을 비롯한 전 세계 증시가 급등락을 반복하면서 대표적인 안전자산으로 꼽히는 금에 투자 자금이 몰리고 있는 추세다. 한국거래소(KRX) 금시장의 경우 2018년 하루 평균 거래량이 19.6kg이었는데, 2019년 상반기엔 하루 평균 거래량이 23kg에 달할 정도로 금 투자에 대한 관심이 커지고 있다.

금 투자에는 여러 방법이 있다. 단순히 금은방 등에서 금을 매입할 수도 있겠지만 이 경우 부가가치세, 가공비, 유통비용 등으로 약 15% 정도의 비용이 추가 발생한다. 즉, 금 시세가 15% 상승해도 투자자의 수익률은 0이라는 뜻이다. 지금부터 금융상품을 활용하여 효과적으로 금에 투자하는 방법을 소개한다. 각각의 장단점과 특징을 파악한다면, 내 상황에 딱 맞는 적절한 투자 방법을 찾을 수 있을 것이다.

접근성이 뛰어난,
- - - - - - - - - - - - -
골드뱅크
- - - - - - - -

첫 번째는 골드뱅크(금 통장)에 투자하는 것이다. 골드뱅크는 투자자가 은행에서 가장 손쉽게 금에 대한 투자를 할 수 있는 금융상품이다. 금의 은행 간 실물 인수도를 통해 자유롭게 입출금이 가능한 수시 입출금식 금융투자상품으로 일종의 파생결합증권이라고 볼 수 있다. 0.01g 단위로 거래할 수 있기 때문에 소액으로도 금 투자가 가능한 장점이 있다.

신한은행 등에서는 미리 매도 가격을 예약하여 일정 수익률에 도달하면 자동으로 매도할 수 있는 시스템을 구축해 투자수익률을 제고하고 있다. 또한 주기적으로 지정 매도 가격 이상이면 일정량씩 매도하고, 지정 매입 가격 이하면 일정량씩 매입하는 '반복매매서비스'를 제공하기도 한다. KB은행 등에서는 고객들이 보유 중인 포인트를 금으로 전환할 수도 있다. 고객이 '자동골드전환서비스'를 신청하면 향후 발생할 포인트를 자동적으로 골드뱅크에 쌓을 수 있다.

골드뱅크는 지난 2010년부터 매매 차익에 대해 15.4%의 배당소득세를 부과했지만 2016년 말 대법원의 과세 부당 판결로 2017년 3월부터 비과세 상품이 되었다가 다시 세법 개정으로 인해 2018년부터는 일반적인 금융상품과 마찬가지로 과세상품이 되었다. 골드뱅크를 이용할 때 가장 주의할 점은 입금된 금을 금 실물로 찾을 경우 실물수수료와 부가가치세(10%)가 부과된다는 점이다. 따라서 가급적이면 금 실물로 인출하지 않고 현금으로 수익을 실현하는 것이 바람직하다.

분산투자 효과도 누리는,
- - - - - - - - - - - - - - - - - - -
금 펀드
- - - - - -

두 번째는 금 펀드에 투자하는 것이다. 금 펀드는 말 그대로 금 가격을 추종하도록 만들어진 펀드다. 금 펀드는 금 선물, 금 ETF에 투자하는 '금 파생상품형 펀드'와 금광회사 등 금과 관련된 회사의 주식에 투자하는 '금 주식투자형 펀드' 두 가지로 나눌 수 있다. 금은 전통적으로 인플레이션 헤지 수단으로 유용한 투자 자산이기 때문에 포트폴리오의 일부로 편입하기에 매우 적정한 투자 자산이다. 특히 글로벌 주식시장과의 상관계수가 낮기 때문에 분산투자 효과를 기대할 수 있어 포트폴리오 효과가 크다는 장점이 있다.

금 펀드에 투자할 때에는 파생상품형 펀드인지 주식투자형 펀드인지 구분해야 하며, 환율 리스크를 제거한 헤지형 상품인지, 달러 변동성에 노출된 언헤지 상품인지 확인해야 한다. 환율 리스크를 제거한 헤지형 펀드는 펀드 이름 끝에 '(H)'라고 표시되어 있다. 또한 해외 투자상품이라 국내 투자 펀드에 비해 환매 기간이 상당히 길다는 단점도 감안해야 한다.

실시간 거래가 가능한,
금 ETF

세 번째는 국내 금 관련 ETF에 투자하는 것이다. 금 ETF는 국제 금 가격의 변동에 따라 주가가 오르내리도록 설계되어 있으며 환율에 대해서는 헤지되어 있다. ETF는 주식처럼 한국거래소에 상장되어 있기 때문에 실시간으로 매수·매도를 할 수 있다는 점은 금 펀드에 비해 장점이며, 증권거래세가 면제된다는 점은 다른 주식 대비 장점이라고 할 수 있다. '골드선물(H)'은 일일 금 선물 변동폭만큼 주가가 변동하는 상품이고, '골드선물레버리지(H)'는 금 선물 일일 변동폭의 2배만큼 주가가 오르내리도록 설계되어 있는 ETF다. 하루에 금 선물 가격이 1% 오르면, 주가는 2% 상승하고, 2% 하락하면 4% 하락하는 상품이다. 대표적으로 'KODEX골드선물(H) ETF'(코드: 132030), 'KINDEX골드선물레버리지(합성H) ETF'(코드: 225130)가 있다. 해외 계좌 없이 원화로 직접 실시간 투자할 수 있고 달러 환율에 대해서는 헤지되어 있어 환 변동에 큰 관계 없이 투자할 수 있다.

네 번째는 해외 ETF에 투자하는 방법이다. 미국에 상장되어 있는 'GLD'는 전 세계 금 ETF 자산의 40% 이상을 차지할 정도로 금을 대표하는 ETF이며, 주식시장에 상장한 지 10년도 넘은 대표적인 금 ETF다. 'GLD'는 금 선물에 투자하지 않고 직접 실물 골드바를 매입하여 금고에 보관하는 금 ETF다. 금 선물이 아닌 금 현물에 투자하기 때문에 선물 투자에서 발생하는 롤오버(Roll-Over) 비용이 발생하지 않는 장점도 있다. 'GDX'라는 ETF는 정확하게는 금 자체에 투자하는 것이 아니라 금광회사의 주가지수에 연동된다. 북미, 영국, 아프리카, 호주 지역 등에 있는 금광회사의 주식을 편입하여 운용하고 있다. 금 가격이 오를 때에는 금 가격 상승률보다 더 높은 수익률을 보이는 경우가 많다.

각종 세금이 면제되는,

KRX 금시장

다섯 번째는 KRX 금시장을 활용해 투자하는 것이다. 한국거래소(KRX)에서는 주식, 채권뿐만 아니라 금 거래를 2014년부터 개시했다. 금 실물을 일반적으로 거래할 때에는 디자인 비용, 세공 비용, 부가가치세를 포함한 가격으로 거래하지만 KRX에서는 순수 금 가격만으로 거래가 가능하다. 또한 부가가치세, 양도소득세, 이자소득세, 배당소득세, 관세, 법인세, 소득세 등이 감면되기 때문에 부대비용을 최소화하여 저렴한 비용으로 금 거래를 할 수 있다.

금 투자 상품비교

		KRX금시장	은행 골드뱅크	금 펀드
거래단위		1g	0.01g	상품별로 상이
가격		공정가격 －시장에서 형성되는 실시간 가격	고시가격 －원화로 환산된 국제가격을 고려한 은행 고시가격	상품별로 상이
장내 거래	수수료	증권사 온라인수수료 (0.2% 내외)	통장거래 시: 매매기준율x1% 실물거래 시: 매매기준율x5%	선취수수료 (1~1.5%)
	세금	양도소득세 면제 부가가치세(10%) 면제	매매차익에 대한 배당소득세(15.4%)	매매차익에 대한 배당소득세(15.4%)
실물 인출	인출 비용	1개당 2만 원 내외	실물거래만 인출 가능 (실물거래 수수료 5%에 포함)	실물 인출 불가
	VAT	거래가격의 10%	거래가격의 10%	
금인출		증권사 지점에서 인출 (수령) 가능(약 2일 소요)	은행 영업점에서 인출 (수령) 가능(약 1주 소요)	－

▲출처: KRX 홈페이지

한국조폐공사에서 인증하는 순도 99.99%의 고품질 금을 사고파는 구조이며, 매수한 금은 한국예탁결제원에 보관하기 때문에 안전하다. 거래 단위는 1g 단위이기 때문에 5만 원 내외의 소액으로도 투자할 수 있다. 증권회사를 통해 KRX 금시장에서 금 투자를 하는 것이 비용이 가장 적게 들다 보니, 최근에는 은행에서도 신탁상품을 통해 KRX 금시장에서 금을 매입하는 방법을 제공하기도 한다.

금 투자 시

유의점

마지막으로, 금 투자 시 주의할 점이 있다. 보통 금 시세 등을 이야기할 때 '금 1온스당 1,300달러'와 같이 말하곤 하는데, 정확하게는 '금 1트로이온스당 1,300달러'라고 표현하는 것이 맞다. 금이나 은과 같은 귀금속의 질량을 측정할 때에는 '트로이온스(t.oz)'라는 단위를 사용하는데, 이는 우리가 평소에 많이 사용하는 '온스(oz)'와 다른 단위다. 온스는 28.35g이지만, 1트로이온스는 31.1034768g으로 귀금속·보석의 무게를 측정할 때 사용한다. 시카고, 런던 등 해외 금 거래시장에서 트로이온스당 달러로 표현된 금 시세를 g당 원화 단위로 환산하다 보면 약 10%가량의 차이가 발생하는 경우가 많은데, 측정 단위의 오차 때문인 경우가 대부분이다.

주식과 채권 그 사이 어디쯤, 메자닌 투자

메자닌(Mezzanine)이란 이탈리아어로 '1층과 2층 사이의 공간'이란 뜻인데, 금융에서는 주식과 채권의 중간 성격 상품인 전환사채, 신주인수권부사채, 교환사채 등에 투자하는 전략을 말한다.

주식으로 전환할 수 있는,
전환사채(CB)

전환사채(CB, Convertible Bond)란 일정한 조건에 따라 채권을 발행한 회사의 주식으로 전환할 수 있는 권리가 부여된 채권을 말한다. 전환 전에는 사채로서의 확정 이자를 받을 수 있고 전환 후에는 주식으로서 이익을 얻을 수 있는, 사채와 주식의 중간 형태를 취한 채권이다. 전환사채 발행 당시에 채권과 주식을 얼마의 비율로 교환할 것인가 하는 '전환 가격'을 미리 결정한다. 전환은 통상 사채 발행 후 3개월부터 가능하다.

예를 들어 A사가 발행한 1년 만기 CB의 만기 보장 수익률이 2%, 전환 가격이 1만 원이라면, 투자자는 향후 1년 동안 A사 주가가 1만 원에 못 미칠 경우 만기까지 보유했다가 이자 2%를 받으면 된다. 만약 A사 주가가 급등해 2만 원이 됐다면 주식으로 전환해 주당 1만 원에 이르는 시세차익을 누리면 된다. 이렇듯 CB는 기업가치가 상승해서 주가가 전환 가격을 웃돌게 되면 주식으로 전환해 시세차익을 누릴 수 있는 것이 가장 큰 장점이다. 반면 주가가 전환 가격보다 낮아 만기까지 보유한 경우 발행회사가 발행 당시 확정한 만기 보장 수익률만큼의 이자만 지급받게 되며, 이때 이자율은 일반적으로 보통 회사채에 비해 낮은 편이다.

신주를 저렴한 가격에 살 수 있는,
- -
신주인수권부사채(BW)
- - - - - - - - - - - - - - - -

신주인수권부사채(BW, Bond with Warrant)란 주식·채권·외환 등에 일정한 수량을 약정된 값에 매매할 수 있는 권리인 워런트(warrant)가 붙은 사채를 말한다. 신주인수권과 회사채가 결합된 것으로, 회사채 형식으로 발행되지만 일정 기간(통상 3개월)이 경과하면 미리 정해진 가격으로 주식을 청구할 수 있다.

예를 들어 BW 1매당 신주인수권이 2주, 권리 행사 가격이 액면가 5,000원으로 정해졌을 경우 이런 BW 10매를 갖고 있는 주주는 기업이 증자를 할 때 발행 물량이나 시가가 얼마가 되든지 신주 20주를 주당 5,000원에 인수할 수 있다. 투자자들은 발행 기업의 주가가 약정된 매입가를 웃돌면 신주를 인수하여 차익을 얻을 수 있고, 그렇지 않으면 인수권을 포기하면 된다. 신주인수권을 행사하기 전까지는 BW를 보유했다고 해서 주주로서 배당을 받거나 의결권을 행사할 수는 없다. BW는 보통 일반 회사채에 비하여 발행금리가 낮아 발행자는 적은 비용으로 자금을 조달할 수 있다는 장점이 있다. 즉, 신주인수권이라는 덤을 얹어주는 대신 돈을 싸게 빌리는 셈이다. 또 투자자의 입장에서는 주가 상승 시 매매 차익을 올릴 수 있다는 것이 가장 큰 매력이다.

타사의 주식으로 교환할 수 있는,
교환사채(EB)

교환사채(EB, Exchangeable Bond)란 기업들이 보유하고 있는 사회사 또는 다른 회사 주식을 특정 가격에 교환해주기로 하고 발행하는 회사채를 말한다. 교환사채를 매입한 투자자가 채권을 주식으로 교환하게 되면, 발행사의 입장에서는 회사가 보유하고 있던 타 회사의 유가증권을 넘겨주어야 하므로 회사의 자산이 감소하게 된다. 하지만 회사가 부채로 안고 있던 사채(교환사채)가 주식을 넘겨주면서 사라지는 것이므로 회사의 부채도 동시에 감소하게 된다.

교환사채의 장점은 주식과의 교환권을 부여함으로써 장래 주식 가격의 상승에 따른 투자수익의 기대와, 그 대가로 사채의 이자율을 다소 낮게 책정하여 기업의 자금 조달비용을 경감하고 동시에 사채 발행으로 자금의 조달을 촉진할 수 있는 것 등을 들 수 있다.

CB, BW, EB 비교

구분	전환사채(CB)	신주인수권부사채(BW)	교환사채(EB)
대상 주식	신주	신주	제3자의 주식(일반적)/ 구주(자기주식)
권리 행사 후	사채권 소멸	사채권 유지(현금 납입형) 사채권 소멸(대용 납입형)	사채권 소멸
주식 취득 한도	사채 금액과 동일	사채 금액 범위 내	사채 금액 범위 내
주식의 대가	사채 금액으로 충당	현금 납입(현금 납입형) 사채 금액으로 충당 (대용 납입형)	사채 금액으로 충당
권리 행사 시 재무제표	부채 감소+자본 증가	자산 증가+자본 증가 (현금 납입형) 부채 감소+자본 증가 (대용 납입형)	부채 감소+자산 감소 (일반적) 부채 감소+자본 증가 (자기주식)
권리의 이전	사채권 이전에 의함	신주인수권 증권 분리 발행 가능	사채권의 이전에 의함
근거 법규	상법 제513조 이하	상법 제516조의 2 이하	증권거래법 제191조의 4

CB, BW, EB 등 주식 관련 사채들은 채권 발행 회사가 파산하는 경우가 아니면, 기본적인 채권 이자는 물론 주식으로 전환 또는 교환할 경우 시세차익까지 기대할 수 있다. 그러나 일반 회사채가 아닌 주식 관련 사채를 발행하는 회사들은 신용도가 떨어지거나 충분한 검증이 되지 않을 가능성이 커서 위험성도 높은 편이다. 주식 관련 사채 발행 회사의 전망을 정확하게 예측할 수만 있다면 안전성과 수익성이라는 두 마리 토끼를 다 잡을 수 있는 것이 메자닌 투자다.

메자닌 펀드의
장단점

메자닌 투자 전략으로 수익을 추구하는 펀드를 메자닌 펀드라고 한다. 주가 상승장에는 CB, BW, EB 등을 주식으로 전환하여 자본 이득을 꾀하고, 하락장에서는 채권의 원금 보장 및 이자 수익을 챙기면서 추가적으로 사채 행사가격조정(refixing)에 따른 이익을 거둘 수 있는 기회도 잡을 수 있다. 하지만 메자닌 펀드는 주로 회사채에 투자하는 것이기 때문에 발행 회사의 부도위험에서 벗어나기 힘들다는 점을 유의해야 한다. 메자닌 채권을 발행하는 회사가 대기업보다는 중소기업인 경우가 많기 때문에 신용위험을 꼼꼼히 검토해야 하는 이유다. 메자닌 펀드는 투자 대상의 특성상 언제든지 환매할 수 있는 게 아니기 때문에 환매 제한기간을 1년 이상 설정하는 경우가 많아, 주로 공모 펀드보다는 사모 펀드로 설정한다. 최근에는 한국형 헤지펀드의 운용방식 중 메자닌 투자 기법을 사용하는 펀드들이 급증하고 있다.

방구석에서 애플 주식 직구하기, 해외 주식 투자

이제 한국 증권회사를 통해 미국, 일본, 중국, 유럽 등 해외 주식시장에서 거래되는 주식을 직접 사고팔 수 있다. 그동안 삼성전자, SK하이닉스, 현대자동차 등 한국 기업에 투자했다면 좀 더 투자 대상을 확대해 애플, 아마존, 구글 등 다양한 해외 주식에 관심을 가져보자.

해외 주식 투자의
장점

국민연금기금도 국내 주식의 투자 비중보다 해외 주식의 비중이 더 클

정도로 해외 주식시장에 대한 관심이 급속히 커지고 있다. 이러한 해외 주식 투자의 인기 요인은 무엇일까?

첫째, 투자 위험을 줄일 수 있다. 해외 주식 투자를 하는 가장 큰 이유는 바로 한국 주식시장의 변동성을 조절하기 위해서다. 수출 중심의 한국 산업구조에서는 개별 종목의 주식 또는 코스피지수의 변동성이 상대적으로 크기 때문에 투자자 입장에서는 불안감을 떨치기가 어렵다. 또한 규모에 있어서도 큰 차이가 있다. 한국의 코스피시장은 1,400조 원에 이르는 거대한 주식시장으로 성장했지만, 아직 전 세계 주식시장에서 차지하는 비중은 2%에도 미치지 못한다. 98%의 주식시장이 바로 해외 주식시장이라는 뜻이기도 하다. 그렇기 때문에 2% 비중의 한국 주식시장에 투자하기보다는 글로벌 시장에 투자하는 방식이 훨씬 안정적이고 변동성을 줄일 수 있다는 의미다.

둘째, 해외 주식은 배당성향이 높다. 주식 투자를 하는 목적은 주식의 매매 차익뿐만 아니라 주식에서 나오는 배당금을 받기 위함이다. 회사는 1년간 벌어들인 돈을 주주에게 배당하거나 회사 내부에 유보하여 다시 재투자할 자금으로 비축할 수 있다. 한 기업의 영업이익 중 주주에게 배당하는 배당금의 비중을 배당성향이라고 하는데, 한국 주식시장의 배당성향이 약 24%인 데 비해 선진국 시장의 배당성향은 그 두 배에 가까운 45% 정도며, 신흥시장의 경우에도 39% 정도다.

셋째, 해외 투자 펀드 대비 세금을 절약할 수 있다. 해외 투자 펀드에서 지급되는 수익에는 배당소득세를 과세하는데, 이자소득과 합쳐 금융소득이 1년에 2,000만 원이 넘게 되면 다른 종합소득(근로소득, 사업소득, 기타소득, 연금소득)과 합쳐서 종합소득세를 내야 한다. 이때 종합소득세율이 최대 46.2%(지방소득세 4.2% 포함)까지 올라갈 수 있다는 것이 큰 부담이다. 반면 해외 주식에 직접 투자할 경우 매매 차익에 대해서는 배당소득세가 아닌 양도소득세를 과세하게 되는데, 세율이 22%(지방소득세 2% 포함)로 종합소득세 최고 세율의 세금 구간보다 훨씬 저렴한 세율을 적용받을 수 있다.

해외 주식 투자 시

유의점

해외 주식에 직접 투자할 수 있다는 것이 매우 매력적이기는 하지만, 국내 주식 투자가 익숙한 투자자들에게는 번거로운 점도 많고 유의할 점도 많을 수밖에 없다.

첫째, 시차 때문에 상당히 큰 불편함을 느낄 수 있다. 일본의 경우 한국과 시차가 거의 없지만, 가장 많은 해외 투자지역인 미국의 경우 한국시간으로는 자정 가까운 시간부터 거래를 시작해 새벽에 주식시장이 마감되기 때문에 실시간으로 매매를 하는 것이 매우 불편할 수밖에 없다. 이외에도 그 나라의 통화로 환전을 해야 하는 등의 번거로움도 있다. 이런 불편함을 최대한 줄이기 위해 한국의 증권회사에서는 24시간 상담센터를 운영하는 등 다양한 해외 주식 투자 지원 서비스를 제공하고 있다.

둘째, 양도소득세를 간과해서는 안 된다. 금융소득 종합과세 대상자처럼 금융자산이 많은 투자자는 오히려 해외 주식 투자가 더 유리할 수도 있지만, 대부분의 일반 투자자들에게는 거꾸로 해외 주식 투자가 세금 면에서는 불리하다. 왜냐하면 소액주주가 국내 상장주식을 거래소에서 장내 거래했을 때에는 주식 매매 차익에 대해서 아예 주식 양도소득세가 없는 데 비해, 해외 주식 매매 차익에 대해서는 22%(지방소득세 2% 포함)의 양도소득세를 과세하기 때문이다. 만약 애플 주식 1억 원어치를 매입했다가 1억 2,000만 원에 매도했다면 2,000만 원의 매매 차익에 대해 양도소득세를 과세한다는 뜻이다. 단 매수수수료, 매도수수료, 양도소득 기본공제 250만 원을 공제받을 수 있기 때문에 실질적인 세금 부담률은 10%대인 경우가 대부분이다.

셋째, 환율에 대한 리스크를 염두에 둬야 한다. 투자하는 국가의 통화로 환전하여 그 나라의 주식에 투자하는 개념이기 때문에 투자 자산은 해당 국가 통화 가치에 따라 매일매일 변동할 것이다. 아마존 주식을 매입한 이후 아마존 주가는 10% 상승했는데, 달러의 가치가 10% 하락한다면, 투자수익률은 0%인 것이다. 물론 반대로 아마존 주가가 10% 하락하더라도 달러의 가치가 10% 상승한다면 주식 투자 손실을 없애줄 수도 있다. 즉, 환율 변동은 투자수익률에 득이 될 수도 있고 해가 될 수도 있다는 말이다. 어쨌든 중요한 사실은 주가 변동성 이외에 환율 변동성이 추가로 발생할 수밖에 없다.

해외 ETF 투자의
인기 이유

해외 주식에 투자하는 투자자들이 처음에는 애플, 구글, 아마존, 페이스북 등 개별 종목들을 직접 매입하는 경향이 많았으나, 최근에는 해외 주식시장에 상장된 ETF에 투자하는 방법이 급증하고 있다. 한국인이 가장 많이 매입한 해외 주식 10종목 중 5종목 정도는 개별 주식이 아닌 해외 ETF가 차지하고 있다. 해외 주식 투자도 분산투자를 통해 변동성을 줄일 수 있는 ETF 투자가 인기를 끌고 있는 것이다. 사실 ETF는 미국 주식시장에서 처음 출발한 제도다. 1993년 미국에서 최초로 ETF가 설정되어 거래되기 시작했다. 소액으로도 많은 주식에 분산투자하는 효과를 볼 수 있기 때문에 초보 투자자들을 중심으로 ETF 투자가 확산되고 있으며 특히 다양한 레버리지 ETF(X2, X3)를 통해 투자 효율성을 높이고자 하는 투자자들도 있다. 또한 외국 주식시상에는 한국 주식시장보다 훨씬 더 다양한 ETF가 상장되어 있기 때문에 선택의 폭이 넓은 것도 매력 중 하나다.

채권도 글로벌 시대!
해외 채권 투자

해외 채권은 말 그대로 외국에서 발행된 채권이다. 당연히 외화(주로 달러)로 발행되기 때문에 달러 가치 상승기에 아주 매력적인 투자 대안이 될 수도 있다. 해외 채권 투자의 장점은 크게 3가지다.

해외 채권 투자의
장점

첫째, 채권 이자수익이다. 외화 표시 채권에서 지급되는 이자는 당연히 외화로 지급된다. 채권 발행처의 신용도에 따라 금리가 달라지겠지만,

선진국 국채보다는 신흥국 국채의 금리가 높고, 국·공채보다는 회사채의 금리가 높다. 이때 발생한 이자소득에 대해서는 해당 국가와의 조세조약에 따른 이율만큼 원천징수한 후 한국 원천징수세율(14%) 차이만큼 추가로 과세한다. 예를 들어 미국 채권에서 이자를 받게 되면 미국과의 조세조약에 따른 이율인 12%로 미국에서 원천징수하고 그 차이인 2%는 한국에서 원천징수한다. 단, 브라질 국채의 경우 양국 간 조세협약에 따라 비과세가 적용된다.

둘째, 채권 매매 차익이다. 채권은 만기 때까지 보유하면 원금을 상환받을 수 있지만, 중도 해지는 불가능하다. 그러나 만기 이전에 매각을 통해 투자 원금을 회수할 수는 있다. 이때 채권 가격이 상승했다면 채권 매매 차익을 통해 수익을 거둘 수도 있다. 국내 채권과 마찬가지로 채권 매매 차익에는 양도소득세를 물리지 않는다는 점도 큰 장점이다.

셋째, 환차익이다. 해외 채권에 투자하는 이유 중 하나가 바로 환차익 때문이다. 미국 달러화의 가치가 상승할 것으로 예상한다면, 미국 달러 표시 채권의 가치는 환율 상승분만큼 올라갈 것이기 때문이다. 또한 해외 채권의 이자 역시 외화(달러)로 지급되기 때문에 그 효과는 더욱 배가된다. 환율 상승으로 인한 환차익 역시 과세를 하지 않기 때문에 더욱 유리하다.

해외 채권 투자 시

유의점

첫째, 국내에서 매매가 가능한 해외 채권은 다양하지만 발행자에 대한 정보가 충분하지 않은 경우가 많다. 그래서 대부분 국가나 공기업에서 발행한 해외 국·공채나 금융기관이 발행한 해외 금융채 중심으로 거래가 되는 경우가 많다. 가급적이면 구체적인 정보를 파악할 수 있는 해외 채권을 선별하여 투자하는 것이 바람직하다. 글로벌 신용평가회사의 신용등급을 확인하는 것도 필수다. 또한 일부 국가의 경우, 정치적인 변수가 해외 채권의 가격 형성이나 신용도에 큰 영향을 끼칠 수 있다는 점도 주요 고려 대상이다.

둘째, 해당 통화의 환율 변동성에 노출되어 있다. 해외 채권에서 중요한 변수는 환율이다. 예를 들어 세금이나 표면이율 면에서 너무나 매력적인 브라질 국채도 헤알화 가치 하락으로 인해 손실을 보는 경우가 있다. 하지만 채권의 발행 통화가 강세를 지속한다면 이자수익, 매매 차익뿐만 아니라 환차익까지 거둘 수 있는 일석삼조의 장점을 갖고 있다.

셋째, 채권 매매 차익과 환차익에 대해서는 과세를 하지 않지만, 해외 채권의 이자에 대해서는 국제 조세협약에 따라 이자소득세가 원천징수되고, 원천징수세율이 국내 원천징수율(14%)보다 적은 경우에는 추가로 원천징수를 하게 된다.

국내 회사에서 발행하는
해외 발행 채권의 장점

일반적인 해외 채권은 외국의 국가나 기업이 발행하는 채권을 말한다. 그러나 우리나라 정부, 공기업, 기업 등이 달러 자금을 조달하기 위해 해외에서 채권을 발행하기도 하는데, 이러한 채권을 '해외 발행 채권'이라고 부른다. 해외 발행 채권은 여러 가지 장점이 있어 점점 인기가 많아지고 있다.

첫째, 발행 회사의 안전성에 비해 금리가 높은 편이다. 해외 발행 채권을 발행할 수 있는 기업은 공기업, 은행, 대기업처럼 상당한 신용등급을 확보한 곳이 아니면 거의 불가능하다. 그러나 글로벌 신용평가사인 S&P, 무디스, 피치 등에서 평가하는 신용등급은 훨씬 더 까다롭기 때문에 한국 내 신용등급보다 비교적 몇 단계 낮은 신용등급을 받는 것이 보통이다. 예를 들어 우리나라의 대표적 기업인 삼성전자는 국내 신용평가사로부터는 AAA 등급을 받고 있지만, 국제신용등급은 A+로 4단계나 아래 등급을 받고 있다. 그렇기 때문에 해외 발행 채권은 국내 발행 채권에 비해 조금 더 높은 금리를 제공하는 경우가 대부분이다.

둘째, 만기구조가 다양하다. 해외 발행 채권은 대부분 만기가 상당히 길다. 잔존 만기가 몇 년 남지 않은 채권도 중도에 거래될 수 있기 때문에 본인이 선호하는 잔존 만기의 채권을 선택할 수 있는 폭이 넓다는 것이 장점이다. 짧게는 1년부터 30년 이상 등 그 범위가 넓다. 즉 채권 발행 회사에 따라, 잔존 만기에 따라, 신용등급에 따라 다양한 해외 발행 채권이 존재한다.

셋째, 달러화 자산에 대한 매력이다. 안전자산·투자자산에 대한 포트폴리오 못지않게 통화자산의 포트폴리오도 중요하다. 원화 자산과 달러화 자산으로의 자산배분을 필요로 하는 많은 사람들에게 해외 발행 채권은 아주 유용한 자산이 될 수 있다. 일반적으로 외국 회사가 발행한 채권으로도 외화 자산 포트폴리오를 구성할 수 있지만, 회사의 신용도 등을 익히 잘 알고 있는 한국 회사가 발행한 해외 발행 채권이 투자하기에 훨씬 편하기 때문이다.

해외 채권형 펀드의
장단점

증권회사에서 해외 채권을 직접 사고팔 수도 있다. 하지만 현실적으로는 해외 채권을 직접 매매하기보다는 해외 채권형 펀드를 통해 간접투자하는 경우가 훨씬 더 많다. 왜냐하면 일반 투자자들은 해외 채권에 대한 정확하고 다양한 정보가 부족하기 때문이다. 아무래도 전문가들에게 맡기는 편이 유리할 것이다. 또한 다양한 해외 채권에 분산투자할 수 있다는 것도 큰 장점이다. 채권의 거래 단위가 꽤 크기 때문에 개인적으로 수십 개의 해외 채권을 보유하는 데는 상당히 큰 금액이 필요하지만, 펀드를 통하면 작은 금액으로도 충분히 다양한 채권에 골고루 투자할 수 있어 안전성을 강화할 수 있다. 다만, 펀드를 통해 채권에 투자할 경우 채권형 펀드에서 발생하는 수익은 모두 배당소득세가 과세된다는 점을 유의해야 한다.

4

아는 만큼 돈이 되는
유용한 제도 BEST 6

다 똑같이 받는다?
관리할수록 많이 받는 국민연금

국민연금은 2019년 현재 가입자가 2,200만 명을 넘었고 운용 규모가 700조 원으로 빠르게 증가하고 있다. 국민연금 기금 고갈 우려로 국민적 불신이 큰 상황이지만 평균 수명 연장으로 노후 준비를 스스로 하기가 어렵기 때문에 사회보험인 국민연금이 절실히 필요한 실정이다.

국민연금 보험료가 월급에서 차감되어 강제적으로 납부하고 있는 직장인을 포함한 국민연금 가입자들은 수십 년간 보험료를 납부하지만 국민연금에 대해 제대로 알지 못할뿐더러, 신경도 쓰지 않고 방치하고 있는 경우가 대부분이다.

하지만 국민연금제도에는 알아두면 꽤 도움이 되는 유용한 제도가 숨어 있다. 지금부터 국민연금제도와 노후소득을 올릴 수 있는 방법에 대해 자세히 알아보자.

자발적으로 가입하는
임의가입

18세 이상 만 60세 미만인 국민은 국민연금 가입 대상자다. 그중 회사를 다니며 급여에서 국민연금을 내고 있는 사업장 가입자나, 사업소득의 9.0%를 국민연금으로 납입하고 있는 지역 가입자는 의무 대상자이며, 주부나 학생 등 소득이 없는 사람은 국민연금 가입의무가 없다.

물론 가입의무가 없는 사람도 본인의 노후생활 준비를 위해 자발적으로 국민연금에 가입할 수 있으며, 이를 '임의가입'이라고 한다. 임의가입자는 매년 전년도 12월 31일 현재 지역 가입자 전원의 기준소득월액을 기준으로 그 중위수에 해당하는 자의 국민연금보험료 이상을 납부하면 된다. 2019년 현재 중위소득이 월 100만 원이기 때문에 9%인 9만원 이상을 납부하면 된다는 뜻이다.

가입의무가 없음에도 납부하는 이유는 임의가입자들이 노령연금을 수령할 때 지역 가입자가 아닌 전체 가입자의 평균소득월액을 감안하여 연금액이 결정되기 때문이다. 지역 가입자의 기준소득월액이 근로소득자들의 기준소득월액보다 현저히 낮아, 납입할 때는 낮은 기준으로 산정한 보험료를 납부하고 연금을 수령할 때는 전체 평균을 감안한 연금을 받을 수 있어 임의가입자에게 유리하다. 이런 이유 등으로 임의가입자 수가 33만 명을 넘는 등 부부가 각자 자기 자신의 노후 준비를 위해 미리미리 대책을 세우는 경우가 증가하고 있다.

10년 다 못 채웠다면
임의계속가입

국민건강보험료는 소득이 있는 한 사망할 때까지 국민건강보험료를 납입해야 하는 제도인 데 반해, 국민연금은 만 60세 미만까지만 국민연금 보험료를 납부한다. 또한 국민연금 납입기간이 10년 이상이면 평생 국민연금 노령연금을 수령할 수 있지만, 납입기간이 10년 미만이면 노령연금 수급 사유 발생일에 일시금만 받게 된다. 따라서 국민연금보험료 납입기간이 10년에 미달하여 가입기간 부족으로 노령연금을 받지 못하는 경우, 60세가 넘었더라도 임의계속가입을 신청하면 추가적으로 국민연금보험료를 납부하여 납입기간을 10년 이상으로 만들어서 노령연금을 받을 수 있다.

물론 10년 이상 국민연금보험료를 납부한 경우라도 더 많은 연금을 받기 위해 60세 이후에도 국민연금보험료를 추가적으로 더 낼 수도 있다. 임의계속가입자가 약 47만 명에 달할 만큼 많은 사람들이 추가적인 납부를 통해 노령연금을 평생 받으려 하고 있다.

미리 당겨 받는
조기노령연금

가입기간이 10년 이상이면 수급 연령에 노령연금을 받을 수 있다. 그러나 소득이 없다면, 수급 연령까지 생활하기가 어려워질 수 있기 때문에 국민연금을 미리 당겨서 받는 연금을 조기노령연금이라고 한다.

예를 들면 65세부터 정상적인 노령연금을 받을 수 있다고 하더라도 60세 이후에는 조기노령연금을 신청하여 연금을 빨리 수령할 수 있다. 당연히 수령 연금액은 줄어들게 된다. 수급 시점을 1개월 앞당길 때

출생연도별 수급 개시 연령 표

출생연도	~1952년	1953~ 1956년	1957~ 1960년	1961~ 1964년	1965~ 1968년	1969년~
연금개시연령	60세	61세	62세	63세	64세	65세

연금 수급 개시 연령 65세, 월 노령연금액 100만 원인 경우의 조기노령연금액

연금개시연령	65세	64세	63세	62세	61세	60세
월 연금액	100만 원	94만 원	88만 원	82만 원	76만 원	70만 원

마다 연금액이 0.5%씩 줄어들어 1년을 앞당길 경우 6.0%가 줄어들고, 5년을 앞당길 경우 연금액이 30% 줄어든다. 하지만 사망할 때까지 연금을 받을 수 있기 때문에 전체적인 수급 기간은 길어진다.

단, 조기노령연금을 신청하여 지급받다가 노령연금 수급 개시 연령 전에 소득이 있는 업무에 종사할 경우는 그 소득이 있는 기간 동안에는 조기노령연금 지급이 정지된다.

아직 돈을 벌고 있다면

연기연금

연금 수급 개시 연령이 되었을 때 수급권자에게 일정 금액(최근 3년간의 국민연금 전체 가입자의 평균소득월액) 이상의 소득이 발생하고 있다면 국민 연금액이 5~25% 감액되어 지급된다. 2019년의 경우 노령연금 수급권 자에게 월 235만 6,670원보다 많은 소득 금액이 발생하고 있다면, 소득 이 발생하는 기간(최대 5년) 동안 국민연금액이 감액 지급된다는 뜻이다.

연금 수급 개시 연령 65세, 노령연금액 100만 원인 경우의 연기연금액

연금개시연령	65세	66세	67세	68세	69세	70세
월 연금액	100만 원	107만 2,000원	114만 4,000원	121만 6,000원	128만 8,000원	136만 원

이러한 경우 일하는 사람이 손해를 보기 때문에, 고령자의 근로 의욕을 고취하고 노후 소득보장을 강화하기 위해 수급권자는 1회에 한하여 국민연금 수급 시점을 최대 5년간 연기 신청할 수 있다. 이를 연기연금이라고 하며, 당연히 5년 후 지급받는 국민연금액은 늘어난다. 수급 시점을 1개월 뒤로 미룰 때마다 연금액은 0.6%씩 늘어 1년을 미룰 경우 7.2%가 늘어나고 최대 5년을 늦출 경우 연금액이 36% 증가한다. 물론 이 증가율에 매년 전국 소비자물가 변동률만큼씩 늘어나는 자연 증가분도 감안되어 더 많은 연기연금액이 지급된다.

이혼했어도 연금은 나눌 수 있는
분할연금

혼인생활을 유지하던 부부가 여러 가지 사정으로 이혼을 하면 재산 분할이라는 절차를 거치게 된다. 이때 이혼한 배우자가 국민연금도 분할 청구할 수 있는데, 이 경우 이혼한 배우자에게 지급되는 연금을 분할연금이라고 한다. 즉, 분할연금은 이혼한 자가 배우자였던 자의 노령연금액 중 혼인기간에 해당하는 연금액을 나누어 지급받는 연금이다. 단, 혼인기간 중 국민연금보험료 납부기간이 5년 이상이어야 한다. 판례에 따르면 실질적 혼인관계가 존재하지 않았던 기간은 혼인기간에서 제외된다. 예를 들어 남편이 민법상 실종자여서 실종되었던 기간은 포함시키지 않는다는 뜻이다.

연금 금액의 분할비율은 이혼한 당사자 간 협의로 정할 수 있으며, 협의가 잘되지 않을 경우에는 재판을 통해 별도의 분할비율을 정할 수도 있다. 만약 분할연금을 나누어 받던 전 배우자가 사망하면 그 분할연금은 어떻게 될까? 전 배우자가 받던 분할연금은 다시 원래 수급자에게 되돌아오거나 전 배우자의 유족에게 유족연금이 발생하는 것이 아니라 그대로 소멸되고 만다.

압류되지 않는
안심계좌

국민연금은 압류가 가능할까? 그렇지 않다. 국민연금법에 의하면 국민연금은 압류하거나 담보로 제공할 수 없다. 하지만 국민연금 수급권은 압류하지 못한다고 하더라도 채권자가 채무자의 통장으로 입금된 연금 금액에 대해서는 압류할 수 있다. 국민연금을 지급받는 은행의 계좌는 예금 채권이어서 압류될 수 있기 때문에 잘못하면 국민연금을 한 푼도 받지 못하고 채권자가 먼저 가져갈 수 있다는 뜻이다.

물론 채권자 입장에서는 압류를 통해 본인의 채권을 확보하는 것이 당연한 일이겠지만, 최저생계비 정도는 어떤 경우에라도 보존해주어야 채무자도 기본적인 생활이 가능할 것이다. 이럴 경우 은행에서 '국민연금 안심계좌'를 개설하여 국민연금을 수령하면 압류를 당하지 않을 수 있다. 국민연금 안심계좌는 은행에서 개설이 가능한데, 이 계좌는 법원의 압류명령 및 체납 처분으로부터 보호받을 수 있는 국민연금 전용계좌로, 국민연금공단에서 지급하는 연금급여(노령연금, 유족연금, 장애연금(장애일시보상금 제외), 분할연금)만 입금이 가능하다. 안심계좌로는 수급권 보호 금액(2019년 현재 185만 원) 이내로 입금이 제한되어 있다.

직장인 주목!
퇴직연금 유형별 관리법

우리나라 연금제도는 크게 3층 보장제도로 구성되어 있다. 1층은 국민들의 기본적인 생활을 보장하는 공적연금인 '국민연금', 2층은 근로자의 안정적인 노후생활을 위한 사적연금인 '퇴직연금', 3층은 개인이 여유 있는 생활을 위해 자발적으로 가입하는 사적연금인 '개인연금'이다.

이 중에서 의외로 우리의 관심을 받지 못하고 있는 것이 퇴직연금이다. 퇴직연금이란 기업이 근로자의 퇴직금 지급을 위한 재원을 외부의 금융회사(은행·증권회사·보험회사 등 퇴직연금 사업자)에 적립하고, 이를 기업 또는 근로자가 운용하여 근로자 퇴직 시 그동안 적립된 퇴직 급여를 연금 혹은 일시금으로 지급함으로써 퇴직 후 근로자의 안정적인 노후생활을 보장하기 위해 마련된 제도다.

만약 근로자의 퇴직금을 회사 내부에 쌓아 두었다면, 회사가 재무적 어려움에 빠졌을 경우 퇴직금이 온전히 유지되기 어려울 수 있다. 이처럼 퇴직연금은 기존의 퇴직금 제도의 단점을 보완하여 퇴직금을 사외에 적립하고, 근로자의 수급권 보장을 강화한 제도로, 운용방식에 따라 확정급여형(DB, Defined Benefit) 퇴직연금제도, 확정기여형(DC, Defined Contribution) 퇴직연금제도, 개인형퇴직연금(IRP, Individual Retirement Pension)제도로 나눌 수 있다.

확정급여형(DB)
퇴직연금

확정급여형 퇴직연금은 근로자가 퇴직할 때 받을 퇴직 급여의 수준이 사전에 결정되며, 기업의 부담금은 적립금의 운용 실적에 따라 달라지는 제도다. 총 퇴직 급여는 기존 퇴직금 제도와 동일한 기준의 퇴직 급

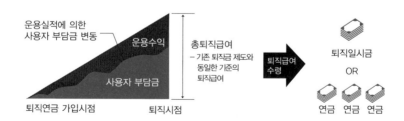

여를 지급해야 한다. 즉, 확정급여형 퇴직연금은 근로자의 근속연수 및 최종 급여에 따라 퇴직 급여가 정해진다.

퇴직 적립 금액에 대한 운용 책임은 사용자인 회사에 있기 때문에 근로자는 퇴직연금의 운용에 신경 쓰지 않아도 된다. 주로 재무적으로 안정적이며, 급여 인상률이 높은 대기업의 근로소득자들이 선호하는 경향이 높다.

확정기여형(DC)
퇴직연금

근로자가 퇴직할 때 받을 퇴직 급여의 수준이 사전에 결정되지 않고, 기업이 매년 부담해야 하는 부담금이 각 근로자의 연간 임금 총액의 1/12로 사전에 확정되며, 근로자가 직접 퇴직 적립금 운용상품을 선택하고 운용의 책임과 결과도 근로자에게 귀속되는 제도다. 회사는 각 근로자의 개별 계좌에 매년 부담금을 입금하고, 근로자는 그 개별 계좌를 운용

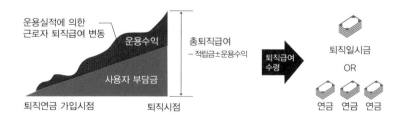

하는 개념이다. 즉, 확정급여형(DB) 퇴직연금은 근로자가 받을 금액이 정해지는 반면, 확정기여형(DC) 퇴직연금은 회사가 매년 부담해야 하는 금액이 정해진다는 차이가 있다.

확정기여형 퇴직연금은 회사가 매년 적립해야 하는 부담금의 크기와 근로자가 직접 운용하는 운용수익률에 따라 퇴직 급여가 정해지기 때문에 근로자의 임금상승률 및 운용수익률에 따라 달라진다. 또한 운용 책임이 근로자 각자에게 있기 때문에 주로 중소기업 근로자, 이직이 잦은 근로자, 자산 운용에 관심이 많은 근로자들이 선호한다.

개인형퇴직연금(IRP)

개인형퇴직연금제도는 근로자가 직장을 옮기거나 퇴직하면서 지급받은 퇴직 급여를 근로자 본인 명의의 계좌에 적립하여 노후 재원으로 활용하도록 한 통산장치 개념이다.

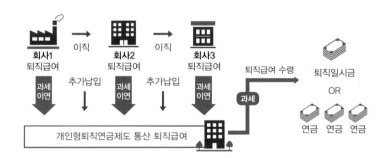

확정기여형(DC) 퇴직연금제도와 동일한 방식으로 운용되며, 퇴직연금 급여를 지급받는 55세 이전까지 운용기간의 수익에 대한 추가 과세 이연 혜택이 부여된다. 또한 근로자 자기 부담금은 추가 납입이 가능하고, 55세 이상인 경우 연금 또는 일시금으로 수령 선택이 가능하다.

특례로 상시 10명 미만의 근로자를 사용하는 사업장의 경우 근로자의 동의나 요구에 따라 개인형퇴직연금제도를 설정할 수 있다. 이를 기업형 IRP제도라고 부르기도 한다.

퇴직연금
유형별 운용 방법

내가 가입하고 있는 퇴직연금이 확정급여형(DB) 상품이라면, 나의 임금 수준을 높이고 근로기간을 최대한 길게 유지하는 것이 가장 좋은 전략이다. 하지만 내가 가입하고 있는 퇴직연금이 확정기여형(DC)이나 개인형퇴직연금(IRP)이라면 이야기가 달라진다. 내가 어떻게 퇴직연금을 운용하느냐에 따라 나의 노후생활이 달라질 수 있기 때문이다. 최소한 3개월에 한 번씩은 주기적으로 내 퇴직연금 계좌의 수익률 현황을 체크해보고 운용방법에 대한 모니터링을 해야 한다.

특히 퇴직연금 계좌에는 일반적인 경우 모두 과세를 하는 해외 채권형 펀드나 해외 주식형 펀드들로 포트폴리오를 구성하여 과세 이연효과를 누리는 것이 가입자에게 훨씬 유리하다. 왜냐하면 퇴직연금 계좌로 가입한 펀드의 수익에 대해서는 당장 과세를 하지 않고 연금 수령 시 낮은 세율의 연금소득세를 과세하기 때문이다. 이러한 절세효과를 최대한 누리려면 해외 투자 펀드를 선택하는 것이 효과적이다. 국내 주식형 펀드는 퇴직연금 계좌로 가입하지 않아도 주식 매매차익 부분에 대해서는 어차피 비과세 혜택을 받을 수 있기 때문에 큰 효과가 없다고 볼 수 있다.

2019년 초에 발간된 금융감독원의 리포트에 따르면 2018년 말 퇴직연금 가입자 90%가 원리금 확정형 상품에 가입되어 있어 그 수익률이 날이 갈수록 하락하고 있다는 분석을 내놓았다. 저금리 시대에 직격탄을 그대로 맞을 수밖에 없는 구조라는 것이다. 가급적 나의 퇴직연금에 관심을 기울이고 잘 키운다면 나의 은퇴생활이 훨씬 더 나아질 수 있다.

확정급여형(DB) 퇴직연금

▶ 연금 수령 조건: 55세 이상, 가입기간 10년 이상

▶ 부담금 수준: 퇴직연금 규약에서 약정한 주기로 적정 부담금을 퇴직연금 사업자에게 납입

▶ 중도 인출 가능 여부: 허용되지 않음

▶ 담보 제공 가능 여부: 대통령령이 정한 사유에 한해 50% 한도 내에서 가능

▶ 최소 적립금 수준: 퇴직연금 사업자는 매년 적립금이 최소 적립금을 상회하고 있는지 확인하여 통지

확정기여형(DC) 퇴직연금

▶ 연금 수령 조건: 55세 이상, 가입기간 10년 이상

▶ 부담금 수준: 매년 근로자별 연간 임금 총액의 1/12 이상을 규약에서 정한 주기로 퇴직연금 사업자에게 납입

▶ 중도 인출 가능 여부: 대통령령이 정한 사유에 한해 중도 인출 가능

▶ 담보 제공 가능 여부: 대통령령이 정한 사유에 한해 50% 한도 내에서 가능

▶ 추가 납부: 가입자가 추가 납부 가능하며, 가입자의 추가 부담금은 연간 700만 원 한도로 세액공제 가능

개인형퇴직연금(IRP)

▶ 개인형 IRP: 근로자가 이직, 전직할 때 받은 퇴직 일시금과 개인 불입금을 개인적으로 적립 운용 관리하기 위한 개인 퇴직연금

▶ 기업형 IRP: 상시 근로자 10인 미만 기업에서 근로자가 개인 퇴직연금에 가입
　※단, 10인 이상부터 DC제도 전환해야 함

세액공제도 받고 노후도 준비하고, 일석이조 연금저축

국민연금으로 1층, 퇴직연금으로 2층을 쌓아 두었다면, 이제 3층을 쌓을 차례다. 보통 국민연금과 퇴직연금은 본인 의사와 무관하게 자동적으로 가입되는 경우가 대부분이지만, 개인연금은 개인이 자발적으로 가입하는 연금으로, 정해진 요건에 맞춰 가입 및 유지하면 세액공제 등의 혜택을 받을 수 있는 연금제도다. 최소한 5년 이상 유지하고 만 55세 이후 10년 이상 연금으로 수령하는 장기 금융상품이다. 1969년 이후 출생자를 기준으로 살펴보면, 국민연금의 개시 시점은 만 65세이기 때문에 55세 퇴직을 가정한다면 약 10년간의 소득 공백이 발생한다. 따라서 퇴직연금 및 개인연금의 연금 개시 시점이 55세로 설정된 것이다.

개인연금에는 납입기간 동안 세액공제를 받는 대신 연금 수령 시 소득세가 부과되는 '연금저축'과 납입기간 동안 세제혜택이 없으나 10년 이상 유지 시 이자소득세를 면제받을 수 있는 '연금보험'이 있다. 연금저축은 금융기관 합산 연간 1,800만 원을 한도로 납입 가능하다. 이 한도는 확정기여형(DC) 퇴직연금·기업형 IRP 개인 부담금과 합산하여 1,800만 원의 한도 금액이 설정된다. 연금저축을 통해 세액공제를 받을 수 있는 금액은 연간 400만 원(300만 원) 한도로 정해져 있지만, 이 금액을 초과하여 1,800만 원까지 납입할 수 있으며, 여러 금융기관에 복수의 계좌로 가입해도 좋다.

꼭 기억해야 할 것은 중도 해지 등 연금 이외의 형태로 수령하게 되면 16.5%(지방소득세 포함)의 기타소득세가 부과된다는 점이다. 16.5%의 기타소득세는 이자 금액에만 부과되는 세금이 아니라, 해지 환급금 전체 금액에 대해 부과하는 것이기 때문에 상당히 큰 비중이다. 따라서 연금저축을 중도에 해지하는 것은 납입 원금 대비 상당히 큰 손실을 볼 수 있으니, 가입 시점부터 신중을 기해야 할 것이다.

연금저축의 종류

금융기관에 따라 다양한 연금저축 상품들이 마련되어 있다.

첫 번째로 연금저축신탁이 있다. 변동금리를 적용하는 실적 배당형 금융상품으로, 은행에서 운용하고 판매하는데, 원금 보장이 가능하고 예금자 보호가 된다는 장점이 있다. 연금은 확정된 기간 동안 수령할 수 있다.

채권형과 안정형 두 종류의 연금저축신탁이 있는데, 채권형 연금저축신탁은 채권 등으로만 운용하기 때문에 주식 편입률이 0%이며, 안정형 연금저축신탁은 최대 주식 편입비율이 10%다. 최대 10%의 주식 자산이 편입됨에도 불구하고 원금이 보장된다는 점이 안정형 연금저축신탁의 장점이지만 금융당국에 의해 2018년부터 연금저축신탁 상품의 신규 판매가 중지되었으며, 현재 배당률 상위 상품들은 기존 가입자들의 납입만 가능한 상태다.

두 번째로 연금저축펀드가 있다. 자산운용사에서 운용하는 실적 배당형 금융상품이다. 연금 수령기간이 확정기간이라는 점은 연금저축신탁과 동일하지만 원금 보장이 되지 않고 예금자 보호도 되지 않는다. 그러나 다양한 투자 포트폴리오를 통해 고수익을 얻을 수 있다는 점에서 매력적이다. 연금저축펀드의 종류로는 채권형, 혼합형, 주식형이 있고, 투자성향에 따라 다양한 유형이 마련되어 있어 선택의 폭이 넓다. 고수익을 추구하는 가입자의 투자성향에 맞춰 주식형 연금저축펀드에 가입하는 등 개개인의 성향에 따라 선택의 폭이 가장 넓다는 장점이 있다.

세 번째로 연금저축보험이 있다. 은행, 증권사 또는 보험회사에서 판

각 금융기관의 연금저축상품 특징

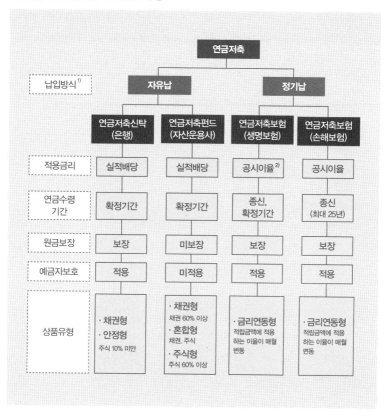

납입방식[1]	자유납		정기납	
	연금저축신탁 (은행)	연금저축펀드 (자산운용사)	연금저축보험 (생명보험)	연금저축보험 (손해보험)
적용금리	실적배당	실적배당	공시이율[2]	공시이율
연금수령 기간	확정기간	확정기간	종신, 확정기간	종신 (최대 25년)
원금보장	보장	미보장	보장	보장
예금자보호	적용	미적용	적용	적용
상품유형	·채권형 ·안정형 주식 10% 미만	·채권형 채권 60% 이상 ·혼합형 채권, 주식 ·주식형 주식 60% 이상	·금리연동형 적립금액에 적용 하는 이율이 매월 변동	·금리연동형 적립금액에 적용 하는 이율이 매월 변동

주1) 자유납이란 납입하는 금액 및 시기를 자유롭게 결정할 수 있는 납입방식이고, 정기납이란 일정 기간 동안 정해진
금액을 주기적으로 납입하는 방식이다.

주2) 연금저축보험은 매월 납입하는 보험료에서 사업비를 차감한 금액이 매월 적립되는데, 이 적립금에 적용하는 이율
을 공시이율이라 한다. 공시이율은 시장금리와 보험회사의 자산운용수익률 등을 반영하여 매월 변동하며, 공시이
율이 아무리 하락하더라도 최저보증이율까지는 보장된다.

연금저축 상품별 비교

	연금저축신탁 (은행)	연금저축펀드 (자산운용사)	연금저축보험 (생명보험사)	연금저축보험 (손해보험사)
부리방식	실적배당	실적배당	공시이율	공시이율
자유로운 납입액 및 납입 시기 결정	○	○		
다양한 투자 포트폴리오 가능		○		
원금 보장	○		○	○
예금자보호법 보호 대상	○		○	○
종신지급형 연금			○	

매하는 금융상품으로, 일정 기간 동안 정해진 금액을 주기적으로 납입하는 방식이다. 실적 배당이 아닌 공시이율(시장금리와 보험회사의 자산운용 수익률 등을 반영하여 매월 변동하는 금리)을 적용하는 특징이 있다. 중도 해지하지 않는다면 원금 보장도 가능하고 예금자 보호도 가능하다. 생명보험사의 연금저축보험은 종신토록 연금을 받을 수 있는 종신연금형을 선택할 수 있다는 점이 큰 장점이다.

단, 손해보험사의 연금저축보험은 최대 25년까지 확정 기간 동안 연금을 수령하는 확정연금형만 선택 가능하고 종신연금형으로는 불가능하다. 또한 보험상품의 특성상 소정의 사업비가 차감되므로 중도 해지 시 원금에 미달할 가능성도 있다는 점을 유의해야 한다.

연금저축의
세금 혜택

연금저축을 납입할 때 세액공제 혜택을 받을 수 있는데, 가입자의 연간 소득 규모에 따라 세액공제 한도 금액과 세액공제율이 정해진다. 세액공제 금액의 한도는 종합소득 1억 원(근로소득 총급여 1억 2,000만 원)을 기준으로 기준 금액 초과자는 300만 원 한도의 세액공제를 받을 수 있으며, 종합소득 1억 원(근로소득 총급여 1억 2,000만 원) 이하인 자는 400만 원 한도의 세액공제를 받을 수 있다. 연금저축 납입 금액에 대한 세액공제율은 종합소득 4,000만 원(근로소득 총급여 5,500만 원)을 기준으로 기준 금액 초과자는 13.2%(지방소득세 포함)의 세율로 세액공제를 받을 수 있고, 종합소득 4,000만 원(근로소득 총급여 5,500만 원) 이하인 자는 16.5%(지방소득세 포함)의 세율로 세액공제를 받을 수 있다.

납입 금액에 따른 세액공제율

대상자 구분	종합소득	~4,000만 원	4,000만~ 1억 원	1억 원~
	근로소득 총급여	~5,500만 원	5,500만~1억 2,000만 원	1억 2,000만 ~
세액공제 혜택	연금저축 세액공제 한도	400만 원	400만 원	300만 원
	세액공제율	16.5%	13.2%	13.2%
	세액공제금액 한도	66만 원	52만 8,000원	39만 6,000원

연금 수령 시
연금소득세

연금을 수령할 때 금융회사에서 연금 수령 시 연령 및 연금 수령방식에 따라 3.3%, 4.4%, 5.5%(지방소득세 포함)의 연금소득세를 원천 징수한다. 단, 공적연금을 제외한 연금 수령 총액이 연간 1,200만 원을 초과하는 경우 종합소득에 해당되므로, 소득이 발생한 다음 연도에 종합소득신고를 해야 한다. 특히 유의해야 할 점은 공적연금을 제외한 연금 수령 금액이 연간 1,300만 원일 경우, 1,200만 원을 초과하는 100만 원만 종합소득에 포함되는 것이 아니라 1,300만 원 전체가 종합소득에 포함된다는 점이다. 일반적인 세금의 세율이 초과누진세율인 것과는 달리 1,200만 원이 초과하면 전액이 종합과세가 된다.

연금소득세 원천징수세율

구분	나이(연금 수령일 기준)	연금소득세 원청징수세율
확정형 연금	~70세	5.5%
	71~79세	4.4%
	80세~	3.3%
종신형 연금 (생명보험사)	~79세	4.4%
	80세~	3.3%

잘 기른 집 한 채,
열 효자 안 부러운 주택연금

대부분의 우리나라 부모들은 자녀들을 교육시키고 시집·장가를 보낸 후에야 본격적으로 부부만의 은퇴생활을 시작한다. 그런데 이때의 자산 구조를 살펴보면 딱 집 한 채만 남아 있는 경우가 상당히 많다. 즉, 보유 자산의 대부분이 현금화하기 힘든 부동자산인 주택뿐이고, 연금자산과 같은 금융자산의 비중은 거의 바닥을 드러낸다.

통계청의 '가계금융복지 조사' 자료에 의하면 60세 이상 가계의 총 자산은 3억 8,569만 원인데, 이 중 부동산 자산이 3억 200만 원으로 78.3%에 이른다. 특히 가계당 평균 부채가 5,175만 원임을 감안하면 순자산의 90% 이상이 부동산이라고 보아도 무방할 정도다.

주택연금 연도별 누적 가입자 수(최초 가입 시점 기준)

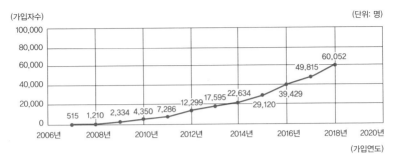

물론 우리나라에는 '3층 보장'이라고 불리는 국민연금, 퇴직연금, 개인연금 등의 제도가 도입되어 있지만, 기본적인 이들 연금만으로는 충분한 노후자금을 확보하기 어렵다. 이와 같이 은퇴세대들이 보유하고 있는 압도적 비율의 부동산(주택)을 유동화시켜 노후연금으로 활용할 수 있도록 2007년 7월에 도입된 제도가 바로 '주택연금'제도다.

주택연금은 만 60세 이상이 거주하고 있는 자가 소유의 주택을 공기업인 '한국주택금융공사'에 담보로 맡기고, 자기 집에서 그대로 살면서 매달 일정 금액의 연금을 평생 받을 수 있는 제도다. 2007년 도입 첫해 515명이던 가입자 수가 2019년 9월 말 현재 6만 8,340명에 이를 만큼 그 인기가 날이 갈수록 높아지고 있다.

가입자들의 평균 데이터를 살펴보면, 전국 가입자의 평균 연령은 72세이며, 담보로 제공한 주택의 가격은 평균 2억 9,600만 원이다. 그리고 평균 월 101만 원의 주택연금을 받고 있는 것으로 나타났다. 서울지역 가입자의 통계치를 살펴보면 평균 72세의 가입자가 평균 4억 700만 원 가치의 주택을 담보로 맡기고 평균 134만 원의 주택연금을 받고 있다.

주택연금의
장점

주택연금의 최대 장점은 부부가 모두 사망할 때까지 연금을 평생 받을 수 있다는 것이다. 예를 들어 65세(부부 중 연소자) 부부가 6억 원의 주택을 담보로 제공하면 매월 145만 원의 주택연금을 평생토록 받을 수 있다. 물론 주택 가격이 비쌀수록, 가입자의 연령이 높을수록 연금액은 많아진다. 동일한 65세 가입자의 경우 주택 가액이 9억 원으로 높아지면 연금액도 217만 5,000원으로 커진다. 또한 동일한 6억 원의 주택이라도 가입자 연령이 80세라면 매월 289만 2,000원의 연금을 받을 수 있다.

주택연금에 가입하면 내 집에 평생 거주할 수 있어 거주 안정성이 확보되면서도 매월 연금을 받을 수 있기 때문에 가입자들의 만족도가 높은 편이다. 담보로 제공한 주택 가격이 6억 원인데, 주택연금액을 총 4억 원만 수령한 상태에서 부부가 모두 사망한 경우 차액 2억 원은 자녀 등 법정 상속인에게 돌아간다. 물론 부부가 모두 장수하여 총 8억 원의 연금을 수령하게 되더라도 초과 금액을 별도로 청구하지는 않는다.

연령·주택가격에 따른 주택연금액

연령	주택가격								
	1억 원	2억 원	3억 원	4억 원	5억 원	6억 원	7억 원	8억 원	9억 원
50세	107	214	321	428	535	642	749	856	963
55세	144	289	434	579	724	868	1,013	1,158	1,303
60세	198	397	595	794	993	1,191	1,390	1,588	1,787
65세	241	483	725	966	1,208	1,450	1,692	1,933	2,175
70세	298	597	895	1,194	1,492	1,791	2,090	2,388	2,687
75세	375	750	1,125	1,501	1,876	2,251	2,626	3,002	3,055
80세	482	964	1,446	1,928	2,410	2,892	3,374	3,384	3,384

▲종신지급방식, 정액형, 2019년 3월 4일 기준, 단위: 천 원

일반 금융기관의 연금 지급과 달리 주택연금은 국가가 연금 지급을 보증하기 때문에 신뢰성도 충분하다. 또한 연금액 중 대출이자 부분은 최대 연간 200만 원까지 연말정산 시 소득공제가 가능하여 절세효과도 확보할 수 있다.

주택연금

가입 요건

주택연금에 가입하려면 부부 중 한 명이 60세 이상이어야 한다. 주택 보유자가 아니더라도 배우자만 60세 이상이면 가입 가능하다. 즉, 주택

명의자인 남편은 58세이고, 아내가 61세더라도 주택연금 가입이 가능하다는 것이다. 부부가 9억 원 이하의 1주택을 보유하고 있어야 가입이 가능하지만, 다주택 보유의 경우라도 합산 가격이 9억 원 이하라면 가입 가능하다. 다만 주택연금 가입 주택에 가입자 또는 배우자가 실제 거주하고 있어야 하는데, 해당 주택을 전세 또는 월세로 주고 있는 경우에는 가입이 불가능하다.

담보로 제공하는 주택의 가액은 한국감정원 인터넷 시세, KB국민은행 인터넷 시세, 국토교통부 제공 주택공시가격, 감정 평가 업자의 감정 평가 가격이 순차적으로 적용된다. 실제 가입 사례를 보면 아파트를 담보로 제공하는 경우가 많은데, 아파트의 경우 인터넷 시세로 평가받을 수 있기 때문에 평가 금액이 시세에 비해 과소평가될 우려는 작은 편이다.

주택연금도 지급 방식에 따라 연금 수령에 차이가 있다. 상당수의 가입자들이 매월 월 지급금을 사망할 때까지 받는 정액지급형인 '종신지급방식'(65.4%)을 선택하고 있지만, 인출한도 범위(대출한도의 50%) 안에서 수시로 찾아 쓰고 나머지 부분을 평생 동안 매월 연금으로 받는 '종신혼합방식', 인출한도 범위 안에서 찾아 쓰고 나머지 부분을 일정 기간 동안만 매월 연금 형태로 지급받는 '확정기간혼합방식'도 선택 가능하다. 가입 후 10년 동안은 정액형 연금액보다 많이 받다가 11년째부터는 70% 수준의 연금을 평생 수령하는 전후후박(前厚後薄)형 연금도 있는데,

지급방식별 선택비율

- 종신지급형(65.4%)
- 종신혼합방식(22.5%)
- 확정혼합방식(1.2%)
- 사전가입방식(1.0%)
- 대출상환방식(2.3%)
- 우대지급방식(5.9%)
- 우대혼합방식(1.7%)

지급형태별 선택비율

- 정액형(71.4%)
- 증가형(폐지)(0.3%)
- 감소형(폐지)(5.9%)
- 전후박박형(22.4%)

이는 은퇴 초기에 활동이 활발할 때에 좀 더 많은 연금액을 사용하기를 원하는 가입자들의 요구를 반영한 것이다. 또한 부부 기준 1억 5,000만 원 미만 1주택 보유자에게는 월 지급금을 최대 13% 우대하여 지급하고 있기 때문에 주택연금의 혜택을 극대화할 수 있다.

주택연금 가입 시
알아야 할 사항

첫째, 주택연금은 일종의 대출상품이기 때문에 대출이자율이 존재한다. 대출이자율은 3개월 변동금리(91일물CD금리+1.1%) 또는 6개월 변동금리(COFIX금리+0.85%) 중 하나를 선택할 수 있다. 일반 은행의 우량 고객에게 제시하는 주택담보 대출금리보다 낮은 수준이다. 대출이자를 주택연금 가입자가 직접 현금으로 납부하는 것이 아니라 대출 원금에 가산되는 개념이기 때문에 주택연금 이용 기간 동안에는 별도로 상환할 필요는 없다.

둘째, 주택연금은 한국주택금융공사가 은행에 보증을 서는 개념이기 때문에 보증료가 발생한다. 초기 보증료는 최초 1회에 한해 주택 가격의 1.5%가 발생하며, 연 보증료는 매년 보증 잔액의 0.75%가 발생한다. 하지만 보증료 역시 가입자가 직접 납부하는 것이 아니라, 금융기관이 대출을 발생시켜 주택금융공사에 납부하는 개념이기 때문에 가입자가 별도로 신경 쓸 필요는 없다.

집값이 오르든 말든, 금리가 오르든 말든 신경 쓰지 않고, 내 집에서 편안히 살면서 평생 매월 연금을 받을 수 있으니 부부만 건강하게 장수한다면 주택연금이야말로 효자상품이 아닐 수 없다.

내 노후는 내가 챙긴다, 연금보험

매년 말 연말정산이나 사업소득세를 신고할 때 납입 금액에 대한 세액 공제 혜택을 받을 수 있는 연금저축을 보통 '세제 적격형 연금'이라고 부르고, 세액공제 혜택을 받지 못하는 대신 이자소득세 비과세 혜택을 받을 수 있는 연금상품을 '세제 비적격형 연금보험' 또는 '비과세 연금 보험'이라고 부른다. 두 상품 모두 세금 혜택이 있기는 하지만 세액공제 혜택을 중심으로 '세제 적격'과 '세제 비적격'으로 나누어 부르고 있다.

'세제 적격 연금'은 정부에서 세액공제라는 당근을 제공하면서 각자 본인의 노후를 준비하라는 취지에서 만들어진 제도성 상품이다. 반면 '세제 비적격 연금'이라고 부르는 연금보험은 사적 보험으로, 보험회사에서 만든 금융상품이라고 보면 된다. 원칙적으로는 저축성 보험의 보험 차익은 소득세법상 이자소득세 과세 대상이다. 다만 일정한 요건을 갖춘 경우에 한해 보험 차익에 대해서 이자소득세 비과세 혜택을 주고 있다. 연금저축과 같은 세액공제 혜택은 없지만, 그 대신 연금보험에서 연금을 수령할 때 연금저축의 연금 수령 시 부과되는 연금소득세가 없다는 장점이 있다. 그래서 고소득자들에게는 오히려 연금저축보다 연금보험이 세무적으로 더 유리할 수도 있다.

연금보험의
종류

'공시이율형 연금'은 매월 발표되는 공시이율에 따라서 연금 적립 금액을 부리(附利, 이자가 붙음)해주는 연금보험을 말한다. 공시이율형 연금보험에는 대부분 최소 보증이율이 설정되어 있기 때문에 시중금리가 아무리 하락하더라도 일정 수준 이상의 부리이율을 보장받을 수 있다는 장점도 있다. 또한 금리 하락 시에도 시중금리의 하락 속도보다 천천히 하락하기 때문에 유리하다. 특히 종합소득세율 중 높은 세율 구간에 해당하는 고소득자들은 안정적인 수익률과 이자소득세 및 금융소득 종합과세에서 제외되는 비과세효과를 공시이율형 연금보험의 가장 큰 매력으로 꼽는다. 단, 금리 상승기에는 공시이율이 시중금리보다 천천히 올라가고, 금리 하락기에도 공시이율이 시중금리보다 천천히 내려가는 특성이 있다는 것을 활용하면 유리한 자금 운용을 할 수 있다.

'변액연금'은 공시이율형 연금보험과는 달리 계약자가 납입한 보험료 중 사업비·위험보험료 등을 제외한 저축보험료를 주식 및 채권 등에 투자하여 그 투자 성과에 따라 해약 환급금 및 보험금이 변동하는 실적 배당형 연금보험이다. 저금리 시대에 공시이율형 연금보험보다 수익률 면에서 유리하고, 물가 상승에 따른 화폐 가치의 하락 위험, 즉 인플레이션 위험을 헤지할 수 있는 투자형 연금보험이다. 보통 1년에 12번까지 수수료 없이 펀드 변경이 가능하여 주식·채권의 편입비율을 조정할 수 있으며, 연금 개시 시점에는 납입 금액 원금이 보장되는 기능이 있어 일반적인 펀드상품보다는 상대적으로 안전하게 노후 대비 자산을 적립해 나갈 수 있다. 최근에는 변액보험 내에 해외 투자 펀드, 원자재 펀드, 부동산 펀드 등 다양한 펀드를 선택할 수 있어 수익성과 안전성을 동시에 추구할 수 있다.

'즉시연금'은 일시에 목돈을 예치한 뒤 곧바로 매월 연금을 수령할 수 있는 연금보험이다. 일반적으로 은퇴한 고객이 퇴직금 등을 생명보험사에 맡기고 매월 생활비로 연금을 수령하는 경우가 가장 많다. 일시금으로 맡긴 금액의 이자만 매월 수령하다가 사망 시에 원금을 상속 재산으로 상속인에게 넘길 수 있는 상속연금형, 확정된 기간 동안 원리금을 나누어 수령하는 확정연금형, 피보험자가 사망할 때까지 평생 동안 연금을 수령할 수 있는 종신연금형 등으로 연금 수령방법을 선택할 수 있다. 고령화 시대에서는 나이와 관계없이 죽을 때까지 연금을 받을 수 있는 종신지급형 연금이 인기를 모으고 있다.

연금보험과
세금

보험 차익은 기본적으로 이자소득세 과세 대상이다. 그러나 해당 조건을 갖출 경우에 한해 이자소득세 비과세 혜택을 주고 있다. 2013년 2월 15일 이전에는 금액과 관계없이 비과세 혜택을 받을 수 있었지만, 2013

연금보험별 비과세 조건

월납 연금보험	10년 이상 유지 납입기간 5년 이상 매월 균등한 기본 보험료 월별 납입보험료 합계액 150만 원 이하
일시납 연금보험	10년 이상 유지 1억 원 이하
종신형 연금보험	55세 이후 연금으로 지급 연금 이외의 형태로는 지급 불가 사망 시 보험 계약 및 연금 재원이 소멸 계약 체결 시점부터 계약자=피보험자=수익자 최초 연금 지급 개시 이후 중도 해지가 불가능 연간 수령한도를 초과하지 않는 연금 수령액

년 2월 15일 이후에는 일시납 연금보험에 2억 원의 한도가 신설되었다. 2017년 4월 1일 이후에는 일시납 연금보험의 비과세 한도 금액이 1억 원으로 축소되었으며, 월납 연금보험에도 월 150만 원이라는 금액 한도가 신설되었다.

연금저축 vs
연금보험

연금 납입 시에는 연금저축이 더 유리하다. 연금저축은 400만 원(300만 원)까지의 납입 금액에 대해 16.5%(13.2%)의 세액공제를 받을 수 있기 때문에 최고 66만 원까지 돌려받을 수 있지만, 연금보험은 납입보험료에서 발생하는 이자에 대한 15.4%의 이자소득세를 면제받을 뿐이다. 그러므로 납입 금액에 대한 혜택은 연금저축이 압도적으로 우월하다. 연금의 납입이 모두 끝나고 연금자산을 운용할 때에는 연금저축이나 연금보험이나 모두 연금 개시 시점까지는 어떤 세금도 과세하지 않는다.

가장 중요한 것은 연금 수령 시점이다. 연금저축은 3.3~5.5%의 연금소득세 과세 대상이며, 연간 연금 수령액이 1,200만 원을 초과할 경우 연금 수령액 전체가 종합과세 대상이 된다. 하지만 (비과세 요건을 갖춘) 연금보험은 이자소득세, 연금소득세 모두 비과세되기 때문에 연금저축보다 연금보험이 압도적으로 우월하다. 특히 연금소득세는 이자에 대해서 납부하는 세금이 아니라 원금과 이자가 합해진 원리금으로 구성된 연금 금액 전체에 대해서 과세되는 세금이라는 점, 연간 연금 수령액이 1,200만 원을 초과하면 1,200만 원 초과금액이 아니라 전체 연금 수령액이 종합소득세 과세 대상이 된다는 점은 반드시 유의하여야 한다.

만약 중도 해지할 경우 연금저축은 16.5%(지방소득세 포함)의 기타소득세가 부과된다. 연금보험은 비과세 요건을 갖추지 못한 상태라면 15.4%의 이자소득세가 부과되며, 비과세 요건을 갖춘 상태라면 세금이 부과되지 않는다. 연금저축 중도 해지 시에는 해지 환급금 전체에 대해 기타소득세가 부과되며, 연금보험 중도 해지 시에는 이자 금액에 대해 이자소득세가 부과되므로 중도 해지에 따른 부담은 연금저축이 훨씬 더 크다고 볼 수 있다.

정리하자면, 일반적으로 납입 시점의 절세 혜택이 중요하다면 연금저축을 활용하는 것이 좋고, 수령 시점의 세금 혜택을 중요하게 생각한다면 연금보험이 더 유리할 것이다.

클릭 한 번으로 모든 금융정보를 한눈에, 금융 포털사이트 FINE

"오랫동안 금융 거래를 해오다 보니 만들어 놓고 사용하지 않는 은행 계좌와 지인 부탁으로 만들었지만 지금은 서랍 깊은 곳에서 잠자고 있는 신용카드가 수십 개입니다. 심지어 몇 번 납입하다가 그만둔 각종 보험들도 셀 수 없죠. 하지만 이런 계좌들에 남아 있는 돈들을 찾기 위해 각 금융회사를 찾아 다니기는 너무 번거롭습니다."

"월급에서 자동적으로 인출되는 국민연금, 근속기간이 늘어날 때마다 쌓인다고 하는 퇴직연금, 연말정산 때 유리하다고 해서 가입한 개인연금 펀드, 그리고 변액연금 등등 우리 부부의 노후생활을 위해 다양한 연금상품에 가입하긴 했는데 도대체 언제부터 얼마가 나오는지, 모자라지는 않을지, 남는 건 아닌지 정리가 되지 않아 궁금하고 답답합니다."

"다들 자기 보험회사의 보험상품이 최고라고 광고하고, 자기네 자산 운용사의 펀드상품이 최고라고 주장하니 믿을 수가 없습니다. 모든 보험을 다 모아서 객관적으로 비교해볼 수 있는 곳이나 유형별로 수익률이 좋은 펀드들을 모아서 볼 수 있는 곳 없나요?"

아마도 위와 같은 고민들을 한두 번씩은 다 해보았을 것이다. 또한 이런 서비스를 해준다는 각 금융회사의 제안을 받았더라도 객관성이나 중립성 때문에 신뢰감을 갖기가 어려웠을 것이다.

금융 고민 해결사
FINE

금융감독원에서는 '파인'이라는 금융 포털사이트(www.fine.fss.or.kr)를 만들어 운영하고 있는데, 그야말로 금융에 관한 모든 것을 알 수 있는 사이트여서 그 인기가 날로 높아지고 있다. 금융 소비자들이 가장 많이 찾는 서비스를 알아보면 '잠자는 내 돈 찾기' '내 계좌 한눈에' '금융상품 한눈에' '내 보험 다 보여' '내 보험 찾아줌' 등이다.

포털(portal)이란 관문, 현관을 뜻한다. 즉, 포털사이트가 어떤 시스템이나 콘텐츠를 직접 보유하고 있다기보다는 소비자가 원하는 정보를 쉽고 편안하게 찾기 위해 일목요연하게 정리·분류해 놓고, 해당 사이트

▲파인 홈페이지(fine.fss.or.kr)

로 연결해주는 역할을 한다는 뜻이다. 일상생활에서 네이버, 구글, 다음 등이 바로 그런 역할을 하고 있다. 2016년 9월 1일부터 금융 소비자들에 게 꼭 필요한 다양한 금융정보를 파인 홈페이지를 통해 제공하고 있는 데 아직 이 훌륭한 사이트를 모르는 금융 소비자가 많다.

금융권에 흩어진 내 정보, 한 번에 찾기

제일 인기가 많은 서비스는 내 금융 현황을 통합 조회하는 서비스들이 다. 연금저축 파트의 '통합연금포털'은 금융감독원에서 제공하는 서비스로, 내가 가입하고 있는 국민연금, 공무원연금, 사학연금, 퇴직연금, 연금저축, 연금보험, 변액연금, 주택연금 등 다양한 연금상품을 통합 조회할 수 있고, 이 연금들을 통해서 내가 몇 살부터 얼마의 연금 수령이 가능한지를 구체적으로 알아볼 수 있다. 변액연금 등 실적 배당형 상품의 경우에는 내가 수익률 가정치를 입력하여 시뮬레이션할 수 있는 기능까지 있다. 이 결과를 바탕으로 좀 더 정확하고 정교한 연금 설계 및 노후생활 준비가 가능하다.

공통 파트의 '잠자는 내 돈 찾기' 서비스에서는 금융기관의 휴면계좌 등 내가 놓치기 쉬운 잔고를 찾을 수 있을 뿐만 아니라, 카드포인트를

▲통합연금포털 홈페이지(100lifeplan.fss.or.kr)

통합 조회할 수 있다. 구체적으로는 ①은행 휴면예금·신탁 ②저축은행 휴면예금 ③협동조합 휴면예금 ④자동차보험 과납 보험료 ⑤휴면보험금 ⑥휴면성 증권 ⑦미수령 주식 ⑧카드포인트 ⑨미환급 공과금 ⑩ 파산 금융기관 미수령금 등을 통합 조회할 수 있다. 그야말로 내 시야에서 사라진, 잠자고 있는 내 돈을 찾을 수 있는 것이다. 보통 몇만 원에서 몇십만 원까지 잊고 있던 돈을 찾는 경우가 많다. 특히 카드포인트 통합 조회가 인기가 많다.

'내 계좌 한눈에' 서비스는 금융결제원의 '계좌통합관리서비스'로 연결되는데, 은행 및 서민 금융기관의 계좌를 통합해서 한꺼번에 조회할 수 있다.

알아두면 유용한
- - - - - - - - - - -
금융 서비스
- - - - - - - - - -

다양한 금융 서비스도 인기가 많다. 이사를 가게 되어 주소를 옮기게 될 경우 거래 금융기관에 일일이 전화하여 새 주소로 수정하는 것은 여간 번거로운 일이 아니다. 금융꿀팁 파트의 '금융주소 한 번에'는 한국신용정보원에서 제공하는 서비스로, 은행·증권회사·생명보험사·손해보험사·카드회사·할부금융회사·리스회사·저축은행·농협·신용협동조합·새마을금고·우체국까지, 거래하고 있는 모든 금융기관에 주소 변경을 일괄적으로 신청할 수 있다.

'상속인 금융거래 조회' 서비스도 비슷한 개념인데, 피상속인의 사망 후 상속을 선택해야 하는 상속인들 입장에서는 피상속인의 재산 현황을 정확히 파악해야만 단순 승인, 상속 포기, 한정 승인 등의 의사결정을 할 수 있을 것이다. 부동산은 정부24의 '조상 땅 찾기' 서비스를 통해 전국의 피상속인 명의의 부동산을 검색할 수 있지만, 상속인들이 피상속인 생전에 어느 금융기관과 어떤 거래(특히 대출 거래)를 하고 있는지를 꼼꼼히 파악하는 것은 쉽지 않은 일이었다. 하지만 금융포털 파인에서는 금융감독원의 '상속인 금융거래 조회' 서비스를 통해 피상속인(사망자, 실종자, 금치산자 또는 피성년후견인, 피한정후견인)의 금융 재산 및 금융 채무를 확인할 수 있다. 조회 신청일을 기준으로 금융회사에 남아 있는 피상속인 명의의 모든 금융 채권, 금융 채무, 보관 금품의 존재 유무 및 공공 정보를 손쉽게 조회할 수 있다.

이건 몰랐지?

다양한 금융정보

이 밖에도 다양한 정보를 얻을 수 있다. 금융꿀팁 파트의 '금융 꿀팁 200선' 서비스가 대표적인 예인데, 금융 소비자들이 꼭 알아야 할 실용 금융정보 베스트 200을 선정하여 정리했다. 공통 분야, 은행 분야, 금융

투자 분야, 생명보험 분야, 손해보험 분야, 신용카드 분야, 서민·중소기업 분야, 금융 소비자 보호 분야, 불법금융 대응 분야 등으로 나누어 유용하고도 재밌는 노하우들을 멋진 그래픽 등과 함께 제시하고 있다.

공통 파트의 '신용정보 조회' 서비스는 한국신용정보원, NICE신용평가, 코리아크레딧뷰로에서 제공하는 서비스인데, 현대 신용사회에서 너무나도 중요한 나의 신용정보 및 신용등급을 조회할 수 있다. 과거에는 개인이 자신의 신용등급을 조회해보는 것만으로도 본인의 신용등급에 악영향을 끼칠까 우려하여 신용등급 조회 자체를 꺼리는 경우가 많았지만, 2011년 10월부터는 신용 조회 사실 자체가 신용 평가에 반영되지 않기 때문에 안심하고 본인의 신용등급을 확인해도 된다. 연 3회까지는 무료로 개인 신용등급 확인이 가능하다.

금융교육도
FINE으로

다양한 금융교육 콘텐츠도 풍부하다. 소비자보호 파트의 '금융교육센터'는 금융감독원에서 제공하는 서비스로, 초등학생·중학생·고등학생·대학생·성인·강사 등을 위해 마련된 온라인 금융교육, 오프라인 현장 금융교육, 금융교육 콘텐츠 등을 이용할 수 있다. 특히 1사 1교 금융교육, 초·중·고교 방문 교육 신청, 군 장병, 금융 취약계층(북한 이탈 주민, 가정주부, 다문화, 노인, 장애인 등)을 위한 금융교육 신청도 할 수 있다.

소비자보호 파트의 '전 국민 신용교육'은 NICE신용평가와 코리아크레딧뷰로에서 제공하는 서비스로, 신용교육 콘텐츠를 열람할 수 있다. 신용기초, 신용전략, 신용활용, 신용공부, 신용과외 등의 과목이 있으며, 신용교육을 수료할 경우 각 사에서 제공하는 소정의 인센티브도 받을 수 있다. 은행·카드 파트의 '외환 길잡이'는 은행연합회에서 제공하는 서비스로, 환전 유의사항부터 해외 직접투자에 관련한 내용까지 다양한 외환 관련 정보들을 얻을 수 있다.

파인은 지금까지 살펴본 내용 외에도 금융과 관련된 거의 모든 것들이 찾아보기 쉽게 정리되어 있고, 금융 소비자가 필요로 하는 서비스를 제공하는 사이트로 연결해주는 역할을 충분히 하고 있다. 파인을 적극적으로 활용하는 스마트한 금융 소비자와 파인을 모른 채 이리저리 알아보는 금융 소비자 간의 효율성 격차는 엄청날 것이다.

참고로 한국토지주택공사에서는 부동산에 관한 모든 것을 알려주고 연결해주는 부동산 포털사이트 '씨리얼(seereal.lh.or.kr)'을 운영하고 있다. 금융 포털 '파인', 부동산 포털 '씨리얼'. 이 두 개의 사이트는 꼭 기억하도록 하자.

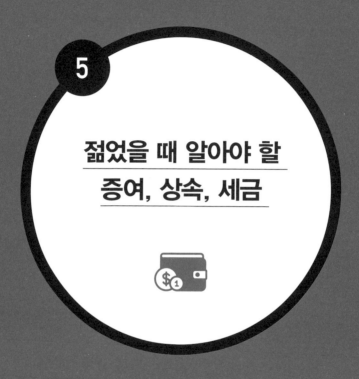

5

젊었을 때 알아야 할
증여, 상속, 세금

사망 전에 재산을
미리 분배하고 싶다면?

최근 자산가들의 증여에 대한 관심이 급증하고 있다. 매년 증여세 신고 건수가 꾸준히 증가하고 있으며, 2012년에는 8만 건을 못 미치던 신고 건수가 2018년에는 15만 건을 넘겼다. 과거와 달리 증여세 신고 및 납부를 정확하게 하면서 합법적인 증여를 하겠다는 자산가들이 늘어나고 있는 것이다.

이와 동시에 합법적으로 증여 시 발생하는 세금을 최소화하는 방법도 다양해지고 있다. 과거에는 금융자산 증여보다 부동산 자산 증여가 훨씬 많았지만 이제는 현금, 예금, 주식, 펀드, 보험 등 금융자산의 선호도가 부동산 자산 증여 못지않게 늘어나고 있다.

부동산보다
금융자산

이러한 현상의 가장 큰 이유는 부동산 자산의 향후 가치상승률보다 금융자산의 가치상승률을 더 긍정적으로 전망하고 있기 때문으로 보인다. 정부의 각종 규제 및 부동 관련 세금 등을 감안할 때에 부동산보다 금융자산의 수익률이 더 나을 것으로 예상하는 자산가들이 더 많다는 의미다.

두 번째 이유는 부동산 증여 시 취득세(4.0%) 등 각종 비용이 금융자산에 비해 훨씬 더 많고, 보유 시점에도 재산세, 종합부동산세 등 금융자산 운용 시에 비해 세금 등의 비용이 만만치 않다는 점이다.

금융자산 증여 시
알아두면 유용한 정보

금융자산 증여에 대한 의사결정을 할 때 알아두어야 할 체크 포인트들을 정리해보겠다.

2개월 평균 주가로 평가된다

한국거래소(KRX)에 상장되어 있는 주식을 증여할 때는 증여자(부모)의 증여계좌에 있는 주식을 수증자(자녀)의 증권계좌로 대체하는 방법이

부동산 자산 증여 시 예상되는 비용 vs 금융자산 증여 시 예상되는 비용

구분	부동산	금융
취득 시점	취득세 4.0%	–
	인지세, 채권 매입, 법무사 비용 등	
보유 시점	재산세	–
	종합부동산세	–
소득 시점	사업소득세	이자소득세/배당소득세
매도 시점	양도소득세	일부 양도소득세
장점	유형의 자산	저비용 자산
단점	비용 부담	리스크 관리

가장 일반적이다. 이때 상장주식은 증여일(주식 대체일)의 주가로 평가하는 것이 아니라 증여일 전후 2개월 종가 평균으로 계산한다. 예를 들어 2019년 9월 15일에 ㈜현대자동차 주식을 증여했다고 하면 2019년 7월 16일 종가부터 2019년 11월 14일 종가까지의 평균 주가를 계산해야 하는 것이다.

그래서 현금, 예금, 펀드 등의 금융자산을 증여받았을 때는 바로 증여세 신고가 가능하지만 상장주식을 증여 받은 경우에는 최소한 2개월 후에나 증여 신고가 가능하다.

증여세 신고기간 내에는 반환이 가능하다

만약 주가 하락 등의 이유로 수증자(자녀)가 증여받은 주식을 다시 증여

자(父母)의 계좌로 반환하면 어떻게 될까? 상속증여세법 제4조 4항을 보면 "수증자가 증여재산을 당사자 간의 합의에 따라 증여세 과세표준 신고기한 이내에 증여자에게 반환하는 경우에는 처음부터 증여가 없었던 것으로 보며…"라고 명시되어 있다. 다시 말해 증여세 신고 이전에 주식을 증여자에게 다시 반환할 경우 기존 증여를 없었던 일로 보겠다는 것이다. 증여 이후에도 그 평가 금액의 추이를 보며 최적의 증여 시점을 포착할 수 있어 증여자와 수증자 입장에서는 이 제도를 매우 유리하게 활용할 수 있다. 단, 금전은 제외되며 세액을 결정 받은 경우에는 적용이 불가능하다.

증여세 신고는 반드시 기한 내에 한다

증여세 신고는 증여세 과세표준 신고기한(증여일이 속한 달의 말일로부터 3개월) 내에 완료하는 것이 바람직하다. 예를 들어 2019년 9월 15일에 증여

증여세율

과세표준액	세율	누진공제액
0~1억 원	10%	–
1억~5억 원	20%	1,000만 원
5억~10억 원	30%	6,000만 원
10억~30억 원	40%	1억 6,000만 원
30억 원~	50%	4억 6,000만 원

를 받았다면, 2019년 12월 31일까지 증여 신고를 마쳐야 한다. 2019년 기준으로 산출세액계의 3%를 증여신고 세액공제를 받을 수 있기 때문이다. 만약 하루라도 신고기일을 넘기면 신고불성실가산세가 가산되는데, 이 가산세율이 무려 20%에 달한다. 결과적으로 단순히 산출세액계의 3%를 줄이는 것이 아니라 23%를 절약할 수 있는 것이다.

반면에 증여세 납부는 현금 사정이 여의치 않다면 일정 기간 미루더라도 큰 부담이 되지는 않는다. 왜냐하면 증여세를 늦게 납부해서 추가되는 '납부불성실가산세'는 1일당 산출세액계의 25/100,000씩 일할 가산되기 때문에 지연일수만큼만 가산세를 부담하면 된다.

장애인은 증여세 혜택을 받을 수 있다

우리나라에는 250만 명이 넘는 등록 장애인이 거주하고 있는데 이들을 위한 증여세 혜택이 있다. 우선 상속증여세법 제46조 8항에 의하면

증여 공제 금액

증여자	증여 공제액
배우자	6억 원
직계존속(수증자가 성년)	5,000만 원
직계존속(수증자가 미성년자)	2,000만 원
직계비속	5,000만 원
기타친족(6촌 이내 혈족, 4촌 이내 인척)	1,000만 원

장애인을 보험금 수령인으로 하는 보험의 경우 연간 4,000만 원까지의 보험금을 한도로 증여세 비과세 혜택을 받을 수 있다.

즉, 부모가 보험에 가입하여 보험계약자가 되고 보험수익자를 자녀로 설정할 경우 보험계약자와 보험수익자가 달라 증여세 과세 대상이 되지만, 그 보험 수익자가 장애인일 경우 연간 4,000만 원의 보험금을 한도로 증여세를 과세하지 않는다. 예를 들면 아버지가 20억 원의 연금보험료를 납입하고 연간 4,000만 원의 연금액을 장애인인 아들이 수령할 수 있도록 보험에 가입했다면, 이 보험금에 대해서는 증여세를 비과세한다는 뜻이다.

또한 상속증여세법 제52조 2항에 의하면 장애인이 증여받아 신탁업자에게 신탁하고 그 장애인이 신탁수익자일 경우 5억 원까지 증여 재산에 포함시키지 않는다. 예를 들어, 아버지가 현금 5억 원을 장애인인 딸에게 증여하고 장애인인 딸이 증여받은 목돈 5억 원을 전부 신탁회사(은행·증권·보험사 등)에 신탁을 설정하여 자산을 운용하고 그 수익금을 장애인인 딸이 평생 지급받도록 신탁에 가입한다면 증여세를 과세하지 않는다.

증여 당일 기준가격으로 평가되는 금융자산도 있다

채권, 펀드, ELS, DLS 같은 금융자산은 증여 당일의 기준가격으로 평가하여 증여할 수 있다. 원금 회수는 확실해 보이나 채권 가격이 상당히 많이 하락한 채권, 장기투자하기로 한 펀드인데 현재 평가 가액이 낮은 펀드, 조기 상환이나 만기 상환 가능성은 높은데 현재 기준가격이 낮은 ELS, DLS 등의 자산은 자녀 등에게 증여하는 것을 고려해볼 필요가 있다.

내가 죽으면 내 재산은
누가 갖는 걸까?

사망으로 인해 재산 등이 넘어가는 것을 상속이라고 한다. 사망하는 사람을 피상속인(被相續人)이라고 하며, 상속 재산을 넘겨받는 사람을 상속인(相續人)이라고 한다. 상속이 개시되었을 때 제일 큰 관심사는 누가 상속을 받게 되느냐다.

만약 피상속인이 유언을 작성했다면 그 유언에서 지정한 바에 따라 상속 재산을 나누게 되지만, 특별히 유언을 남기지 않았다면 민법에서 정한 상속인에게 상속이 이루어지게 된다. 일반적으로 사망을 통해서 상속이 개시되지만, 실종선고(失踪宣告)나 인정사망(認定死亡)의 경우도 상속 개시의 원인이 될 수 있다.

실종선고는 연락이 닿지 않고, 생사가 확인되지 않은 기간이 지나치게 오래(5년) 지속되면 가정법원의 재판을 통해 실종자를 사망한 것으로 간주하는 경우인데, 이때에도 상속이 개시된다. 또한 수난(水難), 화재 등으로 사망의 개연성이 매우 높은데 사체가 발견되지 않아 정상적인 사망신고가 불가능할 때에는 관공서에서 사망한 것으로 추정하여 사망신고를 할 수 있는데, 이때에도 상속이 개시될 수 있다.

법정상속인과 상속순위

우리나라 민법에서는 상속을 받을 수 있는 사람을 다음과 같이 명확하게 정해 놓았다.

우선 1순위는 피상속인의 직계비속과 배우자다. 직계비속(直系卑屬)은 보통 자녀를 뜻하지만, 사실 손자녀, 증손자녀 등도 포함하는 개념이다.

법정상속순위

순위	법정상속인
1순위	직계비속과 배우자
2순위	직계존속과 배우자
3순위	형제자매
4순위	4촌 이내 방계혈족

물론 자녀와 손자녀가 동시에 존재한다면 자녀만 상속을 받게 되고 손자녀는 상속을 받지 못한다. 그러므로 정확하게는 '최근친(最近親) 직계비속'이라고 이해하는 것이 좀 더 명확하다.

가끔 혼인 외 자녀가 이슈가 되는데, 혼인 외 자녀도 인지(認知)라는 절차를 밟으면 상속권을 동등하게 행사할 수 있다. 인지라는 절차는 가족관계등록부에 등재하는 것을 말하는데 옛날 표현으로 하면 '호적에 올리는 것'이다. 정상적인 부부관계가 아닌 사이에서 태어난 자녀라 할지라도 가족관계등록부에 등재되면 상속을 받을 수 있다는 것이다. 인지 절차는 피상속인 생전에는 물론이고 사후(死後)에도 일정 기간(2년) 내에는 재판을 통해 가능하다. 즉, 혈연으로 맺어진 관계는 철저히 존중을 해준다고 보면 된다.

반면 계모자(繼母子) 관계와 같이 혈연이 아닌 경우에는 상속이 발생하지 않는다. 예를 들어 아버지가 재혼을 한 이후에 사망했다면 아버지 상속 재산은 배우자인 계모와 자녀가 상속받지만, 이후 계모가 사망했을 때에는 아버지의 자녀들은 계모의 상속 재산에 대해 상속권이 없다. 혈연이 아니더라도 상속을 받을 수 있는 경우는 양자다. 양자는 혈연관계는 아니지만 양부모로부터 상속을 받을 수 있다.

피상속인의 배우자에게도 당연히 상속권이 발생하는데, 여기서 배우자는 혼인신고를 한 법적 배우자를 뜻한다. 연금 수령 등 여러 분야에서 법적 배우자와 동등한 권리를 확보할 수 있는 사실혼 배우자도 상속에 있어서는 전혀 권리가 없다. 혼인신고를 하지 않은 상태로 수십 년을 함께 살았다 하더라도 법적 배우자가 아니기 때문에 서로 상속을 받을 수 없는 것이다. 만약 직계비속이 단 한 명도 없다면 배우자는 직계존속과 함께 상속을 받게 되며, 직계존속도 없다면 배우자는 혼자 상속을 받게 된다. 단, 이혼한 배우자는 상속을 받을 수 없다.

상속 2순위는 직계존속(直系尊屬)과 배우자다. 직계존속 역시 부모만을 뜻하는 개념이 아니라 조부, 조모, 외조부, 외조모 등을 모두 포함하는 개념이다. 우리나라의 민법은 부계와 모계를 차별하지 않기 때문에 외할아버지, 외할머니도 직계존속에 포함된다. 부모와 (외)조부모가 동시에 존재할 때에는 역시 부모만 상속을 받을 수 있고 (외)조부모는 상속을 받을 수 없다. 즉, 2순위 법정상속인은 '직계존속과 배우자'보다는 '최근친 직계존속과 배우자'라는 표현이 더 명확하다.

상속 3순위는 형제자매다. 직계비속, 직계존속, 배우자가 모두 존재하지 않거나 상속을 포기하면 상속 재산에 대한 권한은 형제자매에게 넘어간다. 아버지만 같고 어머니가 다른 동부이복(同父異腹) 형제자매 또는 아버지가 다르고 어머니만 같은 이부동복(異父同腹) 형제자매도 법정상속인의 범위에 포함된다. 다만 부모가 모두 다른 경우에는 상속권이 없다. 즉, 재혼한 가정에서 아버지의 자녀와 어머니의 자녀는 서로 상속관계가 성립하지 않는다.

상속 4순위는 4촌 이내 방계혈족(傍系血族)인데 이모, 고모, 조카 등과 같은 삼촌관계와 사촌관계가 포함된다. 이때에도 삼촌관계의 상속인이 사촌관계의 상속인보다 우선한다. 사망한 피상속인에게 이모와 사촌동생만이 남았다면 삼촌관계인 이모가 상속 재산을 모두 받고, 사촌관계인 사촌동생은 상속을 받을 수 없게 된다. 사촌관계인 법정상속인이 상속을 받기 위해서는 직계비속, 직계존속, 배우자, 형제자매뿐만 아니라 삼촌관계인 상속인이 아무도 없을 경우에 한한다.

태아도 상속인일까?

상속 인정 범위

태아(胎兒)는 상속인이 될 수 있을까? 태아는 아직 온전한 인격체가 아니지만, 상속에 있어서는 권리 능력을 인정해준다. 단, 출산을 조건으로 인정해주는 것이기 때문에 태아가 태어나지 못하고 유산 또는 사산된

상속인 포함 여부

상속인이 될 수 있는 자	상속인이 될 수 없는 자
태아 이부동복·동부이복의 형제자매 이혼 소송 중인 배우자 인지된 혼인외자 양자 북한에 있는 상속인 외국 국적을 보유한 상속인	사실혼 배우자 이혼한 배우자 계모자 관계 상속 결격자

다면 상속받을 수 없다. 태아가 정상적으로 태어난다면 당당히 한 명의 상속인으로서 상속권을 행사할 수 있다.

외국인도 상속인이 될 수 있다. 상속인의 국적이 대한민국이 아니라 외국 국적자라고 해도 법정상속인의 범위에 포함된다면 아무런 제약 없이 상속인이 될 수 있다. 현재 북한에 있는 사람도 상속인이 될 수 있다.

유언장에 이름이 있다면
수유자

친구는 상속인이 될 수 없을까? 정확하게 표현하면 1~4순위에 포함되는 법정상속인이 아니면 피상속인의 상속을 받을 수 없다. 법정상속인 이외의 사람은 피상속인이 유언장 작성을 통해 상속 재산을 넘겨준다는 유증(遺贈)의 의사 표시를 하면 상속 재산을 받을 수 있는데, 이 경우 상속인이란 표현보다는 '수유자(受遺者)'라는 표현을 사용한다. 즉 상속은 법정상속인이 받고, 유증은 수유자가 받는 것이다. 수유자의 대상은 법정상속인도 가능하지만, 법정상속인이 아닌 사위, 며느리, 친구 등 누구든 가능하다. 심지어 법인(法人)도 수유자가 될 수 있다. 피상속인은 유언서를 통해 모교에 재산을 넘길 수도 있고, 주식회사에 상속 재산을 줄 수 있다는 뜻이다.

모두가 공평하게
똑같이 나눠 갖는 걸까?

상속인이 2인 이상인 경우에는 재산을 어떻게 나눠가져야 할까? 피상속인이 상속인의 상속분을 따로 지정하지 않은 경우 민법이 정하는 바에 따라서 상속분이 결정되는데, 이를 법정상속분이라고 한다.

법으로 정한
법정상속분

현재 우리나라 민법에서 정한 상속인들의 상속 지분은 배우자 1.5, 그 외 모든 상속인의 상속 지분은 1이다. 만약 배우자와 자녀 2명을 두고 아버지가 사망했는데 상속 재산이 7억 원이라면, 배우자가 1.5/3.5인 3억 원, 자녀는 각각 1/3.5인 2억 원을 받게 될 것이다. 한때 배우자에게 피상속인 상속 재산의 50%를 먼저 상속시키자는 논의가 활발히 진행되었으나 실제 민법이 개정되지는 않았다.

배우자를 제외한 상속인들끼리는 차등 없이 모두 균등하게 1만큼의 지분을 받는다. 남자와 여자의 차이도 없고, 미혼자와 기혼자의 차이도 없으며, 첫째와 막내도 차이가 없고, 양자도 동등하게 상속을 받는다. 혼인외자도 인지 절차를 거쳐 상속인이 될 수 있는데 혼인 중인 자와 전혀 차등이 없다.

상속분을 대신 상속받는
대습상속

할아버지, 할머니, 아들, 며느리, 손자 등 5명의 가족이 살고 있다가 아들이 교통사고로 먼저 사망했다. 아들이 사망한 지 5년이 지난 시점에서 할아버지가 사망하면서 25억 원의 상속 재산을 남겼다면 누가 얼마만큼씩의 상속 재산을 받을 수 있을까?

우선 할머니는 피상속인인 할아버지의 배우자이므로 1.5의 지분을 확보할 수 있다. 그리고 1의 지분만큼을 아들이 상속받을 수 있는데, 이 경우는 아들이 할아버지보다 먼저 사망했기 때문에 상속을 받을 수 없다. 이때 먼저 사망한 아들이 받을 수 있었던 1의 지분을 며느리와 손자가 대신해서 상속받을 수 있다. 이를 대습상속이라고 한다. 그럼 며느리와 손자는 먼저 사망한 아들의 지분 1을 어떻게 나누어야 할까? 역시 법정상속 지분대로 며느리는 지분 1의 1.5/2.5인 0.6을, 손자는 지분 1의 1/2.5인 0.4를 상속받는다. 결론적으로 할아버지의 25억 원 재산은 할머니가 15억 원, 며느리가 6억 원, 손자가 4억 원을 받게 되는 것이다.

또 다른 예를 들어보자. 회장님 A와 사모님 B 사이에서 유복하게 자란 외아들 C는 미모의 D와 결혼하여 행복한 신혼생활을 보내고 있었다. 그런데 안타깝게도 C가 교통사고로 사망했고, C와 D 사이에는 자녀가 없었다. 이 경우 C의 7억 원 재산은 배우자인 D가 3억 원, A와 B가 각각 2억 원씩 상속받게 된다. 그 이후 회장님 A가 사망할 경우 회장님의 100억 원 상속 재산은 사모님 B가 60억 원을 상속하고, 며느리 D는 아들 C의 상속분 40억 원을 대습상속으로 받게 된다. 또한 사모님 B가 사망하게 되면, 그 60억 원도 며느리 D가 아들 C를 대신해 대습상속 받게 될 것이다.

피상속인이 직접 정하는
- - - - - - - - - - - - - - - - - -
지정상속분
- - - - - - - - -

우리나라는 민법에 정해진 법정상속인의 범위와 법정 지분보다 피상속인이 작성한 유언서를 우선하여 적용하고 있다. 피상속인이 자신의 상속 재산을 본인의 뜻에 따라 넘겨주고 싶은 사람에게 주고 싶은 만큼 넘겨줄 수 있게 재량권을 허용하고 있는 것이다. 이렇게 법정상속이 아닌 유언을 통해 상속 재산을 넘겨주는 것을 '유증'이라고 한다.

유증의 방법에는 포괄유증과 특정유증이 있다. 포괄유증은 재산을 비율로 유증하는 것이다. 예를 들어 유언에 '내 친구 홍길동에게 내 상속 재산의 1/4을 유증한다' 또는 '나의 막내딸 성춘향에게 내 상속 재산의 65%를 유증한다'라고 작성하는 것이다. 법정상속인에게 법정상속 지분과 다른 지분을 넘겨주고 싶을 때, 또는 법정상속인이 아닌 자에게 상속 재산의 일부를 넘겨주고 싶을 때 포괄유증을 할 수 있다. 특정유증은 특정한 물건이나 금액을 정하여 유언서를 작성하는 것이다. 예를 들면 '나의 사위 황갑돌에게 내가 보유하고 있는 서울시 강남구 테헤란로 789 건물을 유증한다' 또는 '나의 모교 한국고등학교에 내 상속 재산 중 1억 원을 유증한다'와 같이 유언을 남기는 방법이다.

법이 보장하는 최소한의 몫, 유류분

아들과 딸을 둔 아버지 최뚝심 씨가 사망하면서 10억 원의 상속 재산을 남겼는데 유언장에는 모든 재산을 딸에게만 넘겨준다고 했다면 아들은 한 푼도 받을 수 없을까? 아들도 재산을 받을 수 있다. 본인의 재산을 본인 뜻대로 자유롭게 넘겨줄 수 있다는 면에서 할 말이 없을 수 있지만, 상속인에게 최소한의 상속 지분을 보장해줘야 한다는 의미에서 만들어진 제도가 바로 유류분 제도다. 최소한의 지분도 받지 못한 상속인을 위해 최소한의 청구권을 보장하는 제도다. 직계비속과 배우자는 법정상속 지분의 1/2만큼은 최소한 확보할 수 있고, 직계존속과 형제자매의 경우에는 법정상속 지분의 1/3만큼은 법률로 보호해준다. 4순위 상속권자인 4촌 이내 방계혈족은 유류분 청구권이 없다.

예를 들어 최뚝심 씨의 아들은 원래 법정상속 지분이 상속 재산 10억 원의 절반인 5억 원이었기 때문에 최소한 5억 원의 1/2인 2억 5,000만 원은 법률로 보장받을 수 있다. 즉, 아들은 딸에게 부족한 금액인 2억 5,000만 원을 유류분으로 청구할 수 있다. 물론 아들이 아버지의 뜻대로 본인의 유류분 청구권을 행사하지 않고 딸에게 10억 원의 상속을 그대로 인정할 수도 있다. 유류분 청구권은 권리이기 때문에 포기할 수도 있다는 뜻이다.

만약 유언을 작성함에 있어 어느 한 상속인에게 치중된 유증을 하고자 한다면, 또는 상속인이 아닌 자에게 상속 재산의 절반 이상을 유증하고자 한다면 반드시 유류분을 감안해야 할 것이다. 유류분 청구권을 간과하고 유증할 경우, 사후에 유류분만큼의 상속 지분을 받지 못한 상속인으로 인해 법정 다툼 등으로까지 이어질 가능성이 높기 때문이다. 최뚝심 씨가 유언장에 10억 원 모두를 딸에게 유증하기보다는 아들의 유류분 2억 5,000만 원을 감안하여 7억 5,000만 원만 딸에게 유증하는 것이 여러 가지로 바람직해 보인다.

민법 제1009조(법정상속분)

▶ 동순위의 상속인이 수인인 때에는 그 상속분은 균분으로 한다.
▶ 피상속인의 배우자의 상속분은 직계비속과 공동으로 상속하는 때에는 직계비속의 상속분의 5할을 가산하고, 직계존속과 공동으로 상속하는 때에는 직계존속의 상속분의 5할을 가산한다.

민법 제1010조(대습상속분)

▶ 제1001조의 규정에 의하여 사망 또는 결격된 자에 갈음하여 상속인이 된 자의 상속분은 사망 또는 결격된 자의 상속분에 의한다.
▶ 전항의 경우에 사망 또는 결격된 자의 직계비속이 수인인 때에는 그 상속분은 사망 또는 결격된 자의 상속분의 한도에서 제1009조의 규정에 의하여 이를 정한다. 제1003조 제2항의 경우에도 또한 같다.

내 재산을 내 마음대로 나눠주고 싶다면, 유언장 작성하기

피상속인이 사망하게 되면 민법에서 정한 바에 따라 상속 재산은 법정 상속인들에게 분할되기 때문에 사후에 법정상속과는 다른 상속을 진행하기 위해서는 유언장을 작성하는 것이 바람직하다.

법적 효력이 있는
유언장 작성법

유언서를 마음대로 작성하면 법적 효력이 발생하지 않을 수도 있다. 반드시 법률에 정해진 5가지 방식 중 하나에 맞춰서 작성을 해야만 그 유언이 법적으로 유효해진다.

자필증서 유언

자필증서 유언은 종이와 펜만 있으면 혼자서도 작성할 수 있는 가장 간단한 유언방식이다. 문자를 쓸 수 있는 자라면 누구나 유언을 작성할 수 있고, 특히 증인이 필요 없기 때문에 비밀스러운 내용을 유언할 수 있다는 장점이 있다. 아래의 5가지 필수사항을 모두 정확하게 지키기만 한다면 다른 비용 없이 적법한 유언서를 작성할 수 있다.

① 전문(全文): 반드시 유언의 처음부터 끝까지 본인의 자필로 작성해야 하고 타인에게 대필시키거나 컴퓨터로 작성하는 등 인쇄를 한 것은 자필증서 유언으로 인정되지 않는다.

② 연월일: 유언장 작성의 날짜를 써야 하는데, 그 연월일이 없는 유언장은 무효이고, 연월만 표시하고 날짜를 기재하지 않은 유언도 인정되지 않는다.

③ 성명: 유언을 하는 사람의 성명을 기재해야 하는데, 호나 예명을 기재해도 된다. 유언자가 아닌 다른 사람이 유언자의 성명을 기재한 유언서는 무효다.

④ 주소: 유언자의 주소를 자필로 기재해야 한다. 주민등록상 주소를 쓰지 않고 실제 거주지 주소를 기재해도 무방하다.

⑤ 날인: 날인(捺印)은 도장을 찍는 것을 말하는데, 도장은 인감뿐만 아니
라 막도장도 좋고, 무인(拇印)도 무방하다. 하지만 날인 없이 사인(sign)
만 기재된 자필증서 유언서는 효력이 없다.

자필증서 방식은 유언장 작성이 손쉽고 비용도 들지 않지만, 작성
이후 안전하고 확실한 보관이 마땅치 않아 은닉 또는 분실될 가능성이
상대적으로 높다는 단점이 있다. 또한 유언자 사망 후 유언장이 발견된
다음에 발견자가 위조·변조할 가능성도 있다. 보통 자필증서 유언을
작성한 경우에는 은행 금고 등에 보관하는 것이 바람직하다.

공정증서 유언

공정증서 유언방식은 변호사가 유언장을 작성해주는 방식을 말한다. 가
장 안전하고 확실한 방식이라는 점이 장점이라면, 적지 않은 비용이 들
어간다는 단점이 있다.

유언자가 증인 2명 이상이 참여한 가운데, 공증인인 변호사 면전에서
유언 내용을 이야기하고 공증인이 유언서를 작성하여 공증한다. 즉, 유
언자가 직접 작성한 자필증서 유언서를 공증받는 개념이 아니다. 처음
부터 그 작성을 공증인(변호사)이 진행하는 것이므로 공정증서 유언은
자필증서 유언을 공증받는 것과는 아예 다른 방식인 것이다.

공정증서 유언은 유언서 원본이 공증인에 의하여 필기 및 보관되기

때문에 분실, 위조, 변조, 은닉 등의 위험이 거의 없고 가장 확실하면서 안전한 방식이다. 자산이 상대적으로 많은 경우, 상속인 간에 분쟁이 예상되는 경우, 안전하고 확실한 방식으로 향후 유언서에 따른 이견을 원치 않는 경우에 활용하면 좋다. 다만 공정증서 유언서 작성 시 증인 2명이 입회해야 하다 보니 비밀이 완벽히 유지되기는 어렵다. 유언의 유증 가액이 20억 원을 넘어가면 유언 공증비용은 300만 원이다.

녹음 유언

자필증서 유언을 하고는 싶은데, 문맹이어서 직접 글씨를 못 쓸 수도 있을 것이다. 또는 장애가 있어 필기를 할 수 없는 경우도 있을 수 있다. 그래서 자필 대신 녹음을 통해서 본인의 의사를 남길 수 있도록 만들어진 것이 녹음 유언방식이다. 1명 이상의 증인 입회하에 유언자가 녹음을 하면 된다. 이렇게 문서 대신 녹음을 남길 경우 유언자의 육성이 사후에도 그대로 보존된다는 장점도 있다. 그러나 보관이 소홀하면 녹음 상태가 악화되어 소멸될 우려가 있다.

비밀증서 유언

유언장이 있다는 사실은 명확히 해두고 싶지만, 본인 생존 시에는 그 유언 내용을 비밀로 해두고 싶은 경우도 있을 수 있다. 이때는 비밀증서 유언방식을 활용하면 좋다. 유언 내용을 필기한 종이를 봉투에 넣고 봉투를 풀로 붙인 다음에 증인에게 보여주는 방식이므로, 증인들이 유언의 내용을 모른다는 것이 가장 큰 특징이다. 비밀증서 방식으로 봉서된 유언장은 그 표면에 기재된 날(제출 연월일)로부터 5일 이내에 공증인 또는 법원 서기에게 제출하여 그 봉인 상에 '확정일자인'을 받아야 하는 절차가 필요하다.

만일 비밀증서 유언에 흠이 발견되어 비밀증서 유언서로서 효력을 인정받지 못했다 하더라도, 봉투 안에 있는 증서가 자필증서 유언의 5가지 요건(전문, 성명, 연월일, 주소, 날인)을 모두 갖추었다면 자필증서 유언으로서 유효한 효력을 발휘할 수 있다. 그렇기 때문에 비밀증서 유언을 작성하고자 할 때에는 처음부터 자필증서 요건에 맞춰 작성한 후에 봉투에 넣는 것이 만약의 상황을 대비한 바람직한 작성방법이 될 것이다.

구수증서 유언

조난을 당하는 등 심각한 상황에 닥쳐서 당장 제대로 된 유언을 할 수 없을 경우에는 구수증서 유언방식을 선택할 수도 있다. 질병이나 기타 급박한 사유로 보통 방식의 유언을 할 수 없는 경우에는 유언자가 2인 이상의 증인 참여로 그중 1인에게 유언의 취지를 이야기하고, 그 이야기를 들은 사람이 필기하고 다른 한 사람이 증인으로서 유언 내용의 정확함을 승인한 후 각자 서명 또는 기명 날인하는 방법이다.

구수증서 유언방식은 다른 일반 방식 유언(자필증서, 공정증서, 녹음, 비밀증서)으로는 유언을 할 수 없는 특별한 경우에만 허용되는 유언방식이다. 일반 방식의 유언으로 유언서 작성이 가능한 상황에서 작성한 구수증서 유언서는 무효가 된다. 또한 구수증서 유언은 그 증인 또는 이해관계인이 급박한 사유가 종료한 날로부터 7일 이내에 가정법원에 검인을 신청하여야 한다.

위 5가지 유언방식 중 자필증서 유언과 공정증서 유언방식이 일반적으로 가장 널리 쓰이고 있다.

법적 효력이 발생되는 유언 내용들

▶ 유증
▶ 인지
▶ 친생부인
▶ 신탁
▶ 재단법인 설립
▶ 상속 재산 분할 금지
▶ 후견인 지정
▶ 상속 재산 분할방법의 지정 또는 위탁
▶ 유언 집행자의 지정 또는 위탁

혹시 내가 치매에 걸린다면?
유언대용신탁

자산이 많든 적든 사람들은 누구나 자신의 재산이 사후에 어떻게 분배되는지에 대한 관심이 많을 수밖에 없다. 단순히 법에 정해진 분배율에 따라 나누어지는 것보다 자신의 의지대로 분배코자 하는 게 인지상정일 것이다. 이를 실제로 구현해주는 제도가 바로 '유언' 제도인데, 최근 이 유언제도를 대신할 수 있는 '유언대용신탁' 제도가 관심을 모으고 있다.

유언으로 해결할 수 없는 다양한 고민들을 유언대용신탁을 통해 해결할 수 있다고 하는데, 과연 유언대용신탁은 유언과는 어떤 점들이 다를까?

유언 vs
유언대용신탁

우선 두 제도는 근거법에서 차이점이 있다. 유언은 민법상의 제도이고, 유언대용신탁은 신탁법상의 제도다. 유언은 상속 재산이 민법에서 일률적으로 정한 대로 법정상속인에게 법정 지분만큼 나누어지는 대신 본인 의사대로 분배하고자 하는 것에 가장 큰 의미가 있고, 유언대용신탁은 보유 재산을 생전에 어떻게 관리하고, 그 재산을 사후에도 본인의 뜻에 따라 어떻게 분배 및 운용할 것인가가 가장 중요한 이슈라는 점에서 차이가 있다. 다시 요약하자면, 유언이 상속 재산의 분배 그 자체에 관한 내용을 담고 있다면, 유언대용신탁은 자산의 운용 및 배분·관리에 대한 내용을 담고 있다는 점이 다르다.

두 번째 차이점은 유언대용신탁은 여러 세대에 걸친 자산 분배가 가능하다는 것이다. 유언은 본인 사망 시 누구한테 분배할 것인지에 대해서만 정할 수 있다. 즉, 1차 상속에 대해서만 본인의 뜻대로 지정할 수 있다. 반면에 유언대용신탁은 여러 세대에 걸친 자산 분배가 가능하다. 내 재산을 배우자에게 넘겼다가 배우자 사망 시 첫째 아들에게 넘겼다가 첫째 아들 사망 시 막내딸에게 넘겨라 하는 식으로 신탁계약할 수 있는 것이다. 따라서 좀 더 장기적이고 안정적인 자산 이전이 가능해질 수 있다.

세 번째 차이점은 생전에 자산관리를 맡길 수 있다는 것이다. 유언을 작성한 경우 그 유언의 효력은 유언 작성자가 사망한 순간부터 발생한다. 하지만 유언대용신탁은 계약 시점부터 재산의 관리를 맡길 수 있다. 사실 고령화 시대에 사망 시점까지 계속 재산을 관리하는 것이 점점 어려워질 수 있다. 다이이치생명 경제연구소의 최근 발표에 따르면 2017년 기준 일본 치매 노인들이 보유하고 있는 금융재산이 1,430조 원이 넘는다고 한다. 한국도 머지않아 비슷한 상황이 도래할 수도 있다. 유언대용신탁은 고령, 질환, 치매 등으로 생전에 자산관리 능력이 현저히 감소할 때를 대비해 본인의 재산을 금융회사 등 신탁회사에 맡기고 '생전에는 수익금을 본인에게 지급하다가 사후에는 딸에게 30%, 아들에게 15%, 배우자에게 55%를 지급하라'는 등의 계약이 가능하다.

네 번째 차이점은 작성 방식이다. 유언방식 중에서 가장 안전하고 확실한 방법인 공정증서 유언의 경우 증인이 반드시 2명 이상 필요하다. 즉, 유언을 하려는 자가 공정증서 유언을 작성하려면 증인 2명 입회 하에 변호사에게 공정증서 유언을 작성시키게 되어 있다. 공정증서 방식으로 작성하는 경우 내 주변 지인인 증인 2명이 유언 내용을 알 수밖에 없는 구조라는 뜻이다. 좀 특별하거나 은밀한 내용을 담기에는 부담스러울 수도 있다. 하지만 유언대용신탁은 금융회사와의 계약서 작성만으로 성립된다. 유언대용신탁은 증인 필요 없이 금융회사와 계약을 할 수 있기 때문에 보안 측면에서 좀 더 유리할 수 있다.

생전 자산관리부터
맡길 수 있는 유언대용신탁

종합하면, 사망하기 전이라도 치매 등으로 자산관리 능력이 떨어질 수 있어서 생전 자산관리부터 전문가에게 맡기고 싶은 경우, 법정상속인 예상자가 미성년자, 장애인, 낭비·사치한 사람 등 자산관리 능력이 현저히 떨어지는 사람이라 판단되어 재산관리를 신탁회사에 맡기고 적정한 수익금에 대해서만 상속인에게 지급하고자 할 경우, 1차 상속 이후 2차 상속이 본인의 뜻과 다르게 진행되는 것이 우려되는 경우 등엔 유언대용신탁이 효과적인 대안이 될 수 있다.

외국에서는 가업의 주식을 상속인들에게 상속시키지 않고 유언대용신탁을 통해 소유권을 신탁에 넘기고 주식의 배당금만을 상속인들에게 지급하도록 하여 소유권과 경영권을 분리시키는 일들도 상당히 많다. 또한 유언대용신탁을 통해 강아지나 고양이 등을 위해 수익금을 사용하도록 계약하는 일도 가끔씩 해외토픽을 통해 접할 수 있을 정도로 매우 다양한 개인적인 니즈들을 유언대용신탁으로 해결하고 있다. 우리나라에서도 은행·증권사를 중심으로 유언대용신탁이 활성화되고 있어 자산 승계에 대한 다양한 대안으로서 많은 역할을 할 것으로 기대된다.

유언대용신탁의
한계

유언대용신탁을 활용할 때에도 유의할 점이 있다. 바로 '유류분' 제도와의 충돌이다. 우리나라의 민법은 상속인들을 보호하기 위해 피상속인이 유언을 통해 본인 뜻대로 상속 재산을 맘대로 분배했다 하더라도, 직계비속과 배우자인 상속인들에게는 법정상속 지분의 1/2을, 직계존속과 형제자매에게는 법정상속 지분의 1/3을 유류분 제도를 통해 무조건 확보할 수 있게 해준다.

피상속인이 자기 재산을 본인 뜻대로 합법적인 유언방식을 통해 분배했는데도, 다른 상속인들이 다시 뺏어올 수 있는 제도가 바로 유류분 제도다. 피상속인의 무제한적인 상속 재산 처분권을 일부 제한하면서, 상속인들의 권리를 최소한만큼은 보호해주겠다는 취지의 민법상 제도인 것이다.

그런데 유류분 제도가 유언대용신탁과 충돌을 일으킬 경우 어떻게 되느냐가 이슈로 남아 있다. 예를 들어 홍길동 씨가 유언이 아닌 유언대용신탁으로 14억 원의 재산을 신탁회사에 맡기고 사후에 아들에게 신탁재산 모두를 넘기라는 유언대용신탁을 계약했을 때, 다른 상속인들이 아들로부터 유류분권을 행사할 수 있느냐가 논쟁거리다. 아직은 실제로 유언대용신탁과 유류분 제도가 충돌하여 분쟁이 된 케이스가 없기 때문에 당연히 재판이 진행되어 만들어진 판례도 없다.

세계에서 두 번째로 높은 상속세,
어떻게 하면 적게 낼까?

피상속인(사망한 사람)이 상속인 등에게 남긴 재산에 대해 일정 비율로 과세하는 세금을 상속세라고 한다. 대가 없이 무상(無償)으로 이전되는 재산에 대한 세금이기 때문에 다른 종류의 세금에 비해 세율이 최고 50%로 꽤 높은 편이다. 세계적으로도 우리나라의 상속세가 높은 편인데, 일본의 상속세율이 최고 55%로 가장 높고 우리나라가 최고 50%로 두 번째로 높은 상속세율을 유지하고 있다.

또한 각 상속인이 상속 재산을 얼마만큼 받았느냐를 놓고 상속세를 과세하는 개념이 아니라, 피상속인이 남긴 전체 상속 재산을 기준으로 과세하는 유산취득세제 방식을 취하고 있기 때문에 재산 규모가 커질

상속세율

과세표준액	세율	누진공제액
0~1억 원	10%	–
1억~5억 원	20%	1,000만 원
5억~10억 원	30%	6,000만 원
10억~30억 원	40%	1억 6,000만 원
30억 원~	50%	4억 6,000만 원

수록 상속세 부담은 기하급수적으로 늘어나는 구조다. 물론 상속세에는 다양한 공제제도가 있기 때문에 상속 재산 모두에 상속세를 과세하는 것은 아니다. 주요 상속 공제제도는 다음과 같다.

① 기초공제: 2억 원

② 일괄공제: 5억 원(기초공제와 일괄공제 중 택1)

③ 배우자 상속공제: 5억~30억 원

④ 금융재산 상속공제: 0~2억 원

⑤ 동거주택 상속공제: 0~5억 원

상속 재산에서 다양한 상속 공제금액을 차감하고 난 금액을 과세표준액이라고 하는데, 과세표준액에 상속세율을 곱해 상속세액을 정하는 것이다.

부동자산에 치중된
자산 구성

보통 피상속인의 배우자가 생존해 있는 경우, 일괄 공제 5억 원과 배우자 공제 최소 5억 원을 감안했을 때 약 10억 원 이상의 상속 재산이 있다면 상속세 과세 대상으로 본다. 상속세를 납부해야 할 정도의 재산이 있는 경우 그 자산 구성이 대부분 부동산에 치중되어 있다는 점이 한국의 특징이다. 부동산과 금융자산을 보유하고 있는 경우에도 노후에 은퇴생활을 하면서 부동산 자산은 그대로 유지한 채 금융자산만을 계속 소진하는 경우가 많기 때문에 특히 상속 시점에는 부동산의 비중이 압도적으로 높아진다. 과거에는 부동산 자산의 경우 상속세를 계산할 때 실제 시세가 아닌 기준시가·개별공시지가 등 보충적 평가방법으로 평가를 했기 때문에 상당한 절세 효과를 누릴 수 있었지만, 현재는 아파트와 같은 부동산은 실제 거래되는 시세대로 평가를 해야 하기 때문에 절세 효과가 사라졌다고 볼 수 있다.

종신보험
활용하기

종신보험은 계약자(보험료를 납부하는 사람)가 평소에 일정한 보험료를 생명보험회사에 납부하고, 피보험자(보험의 대상이 되는 사람) 사망 시에 거액의 보험금을 받을 수 있도록 설계된 보험이다. 일반적으로는 가정의 생계를 책임져야 하는 가장을 피보험자로 설정해서 혹시라도 가장의 유고상황에 대비하고자 가입하는 경우가 대부분이다.

요즘에는 상속세 재원을 마련하기 위해 종신보험에 가입하는 사람들도 늘고 있다. 가장이 사망했을 때 경제적으로 상속세를 납부할 유동성이 부족한 경우가 발생할 수 있다. 이때 미리 피상속인을 피보험자로 설정한 종신보험에 가입해 놓았다면, 피상속인 사망 시에 거액의 보험금이 상속인들에게 지급될 것이며 상속인들은 이 보험자로 상속세를 납부하면 유동성 문제에서 자유로워질 수 있다. 종신보험금은 금융재산 상속공제 대상에 포함되기 때문에 20%의 공제(최대 2억 원)를 받을 수도 있다.

종신보험의 종류는 다양하다. 저해지종신보험은 보험료 납입기간 동안 중도 해지하지 않는다면 보험료를 할인받을 수 있는 종신보험이다.

금융재산 상속공제

순금융 재산가액(보험금 포함)	금융재산 상속공제액
~2,000만 원	전액
2,000만~1억 원	2,000만 원
1억~10억 원	20%
10억 원~	2억 원

마치 통신사에 가입할 때 2년간 통신사를 옮기지 않고 계속 사용하기로 하는 약정을 맺으면 통신료 할인을 받을 수 있는 제도와 비슷한 구조다. 약정 할인을 받는다고 해서 통화 품질이 떨어지지 않듯이 저해지 종신보험을 가입한다고 해서 사망보험금이 줄어드는 것은 아니다. 중도에 해지하지만 않으면 훨씬 효율적인 가성비를 누릴 수 있는 보험이다.

무해지 종신보험은 일종의 저해지 종신보험인데, 보험료 납입기간에 해지할 경우 되돌려 받는 해지 환급금이 0이지만, 사망 시 지급되는 사망보험금은 동일한 종신보험이다. 납입기간 중 해지환급금이 0이라는 단점이 있지만, 납입하는 보험료는 가장 저렴한 것이 장점이다. 즉, 중도에 해지하지 않을 자신만 있다면 최고의 가성비를 누릴 수 있다.

간편가입 종신보험은 성인병 등이 있어 기존의 종신보험 가입이 어려운 사람들에게 건강검진 절차 없이 간단한 고지만으로 종신보험에 가입할 수 있도록 만든 보험이다. 나이가 많거나 과거 병력이 있더라도 종신보험에 가입할 수 있지만, 일반 종신보험에 비해서는 보험료가 비싼 편이다.

변액종신보험은 일반 종신보험과는 달리 보험료의 일부를 주식 및 채권에 투자하여 투자수익률에 따라 사망보험금이 커질 수 있는 종신보험이다. 보험 가입할 때에 설정한 사망보험금은 아무리 투자수익률이 하락하더라도 보장되기 때문에 투자수익률은 추가 수입을 위한 것이다. 국내 및 해외 자산에도 투자할 수 있도록 수십 가지의 다양한 펀드를 운용하여 수익률을 높일 수 있기 때문에 인기가 높다.

계약관계자 설정의
중요성

상속세 재원 마련을 위해 종신보험에 가입할 경우에는 계약관계자(보험
계약자, 피보험자, 사망 시 수익자)를 누구로 설정하느냐가 매우 중요하다. 왜
냐하면 계약관계자에 따라 상속세에 대한 과세가 달라지기 때문이다.
정확하게는 피상속인이 일반적으로 종신보험의 피보험자로 설정되기
때문에 계약자와 사망 시 수익자의 설정에 따라 달라진다는 뜻이다.

예를 들어 피상속인인 아버지가 종신보험료를 납입하고(보험계약자)
사망했다면, 사망보험금은 상속세 과세 대상에 포함된다. 만약 어머니
가 종신보험료를 납입하고 피보험자인 아버지가 사망하여 어머니가 보
험금을 모두 수령하는 종신보험이라면 상속세, 증여세 모두 과세하지
않는다. 어머니가 보험료를 납입했다고 하더라도 자녀가 보험금을 수

계약관계자 설정에 따른 과세

보험계약자 (보험료 납입자)	피보험자	사망 시 수익자	과세 종류
아버지		법정상속인	상속세
어머니	아버지	어머니	세금 없음
어머니		자녀	증여세

령하게 되면 증여세가 과세된다. 그렇기 때문에 가장 바람직한 방법은 어머니가 보험료를 납입하고 어머니가 사망보험금을 수령하는 것이다. 즉, 보험계약자와 사망 시 수익자가 일치하는 구조인 경우에만 비과세 혜택을 받을 수 있다.

통장에 돈이 쌓이는 초저금리 재테크

초판 1쇄 2019년 11월 25일

지은이 | 조재영

발행인 | 이상언
제작총괄 | 이정아
편집장 | 조한별
책임편집 | 심보경
디자인 | 별을 잡는 그물

발행처 | 중앙일보플러스(주)
주소 | (04517) 서울시 중구 통일로 86 4층
등록 | 2008년 1월 25일 제2014-000178호
판매 | 1588-0950
제작 | (02) 6416-3927
홈페이지 | jbooks.joins.com
네이버 포스트 | post.naver.com/joongangbooks

ISBN 978-89-278-1069-8 03320

중앙북스는 중앙일보플러스(주)의 단행본 출판 브랜드입니다.